„Diese Gedichte empfinde ich als so das Tiefe und Echte
treffend, wie ich es bei anderen Dichtern kaum je fand."

Max Lüscher, 1923 – 2017, Schweizer Psychologe und Philosoph.
Er wurde weltberühmt durch den Lüscher Farbtest.

DIE AUTORIN

Renate Lilge-Stodieck, Journalistin und Atem- und Stimmpädagogin,
lebt und arbeitet in Berlin. Sie hat 2005 die deutsche Epoch Times als
Chefredakteurin mitbegründet im Verbund der internationalen Epoch
Media Group (EMG). Inzwischen wurde daraus ein großes Online News
Portal.

Zum ersten Mal öffnet sie ihre persönlichen Einsichten und Erkenntnisse
einem größeren Publikum. Sie nennt ihre Texte und Gedichte „Ver-dichtetes". Eine Frau, die immer wach und interessiert im Leben stand und
steht, in der Familie in zwei Ehen, mit zwei Söhnen und zwei Enkeltöch-
tern und in zwei Berufen, und die trotzdem den Weg nach innen fand
und geht und aus dieser Kraft gibt und lebt.

INHALTSVERZEICHNIS

VORWORT DES VERLEGERS

Wir leben in einer Zeit der großen Veränderungen, in der immer mehr Menschen das Gefühl haben, dass um sie herum alles schneller und hektischer verläuft. Nicht wenige von ihnen empfinden diese Phase als dunkel und kühl.

Für alle, die an ihrem Job, an ihrem Geld und sonstigen materiellen Dingen festhalten, wird diese Zeit noch viele Überraschungen mit sich bringen. Derzeit ist es aber noch so, dass sich immer mehr Menschen verbiegen und Tätigkeiten nachgehen, sowie Beziehungen weiter führen, obwohl ihr Herz Ihnen etwas anderes sagt. Da nach dem „Biegen" das „Brechen" kommt, ist es auch einer der Gründe, warum immer mehr von ihnen mit Herzinfarkten, Depressionen und Burnouts zu tun haben.

Das Buch „Sein - Die Kunst des Annehmens" kann für viele ein Lichtblick in dieser dunklen Welt sein. Als ich es las, war ich sofort berührt und musste an das Tao Te King von Laotse denken.

Seit Jahrtausenden schlagen Menschen das Tao Te King auf, um Antworten auf Sinnfragen zu bekommen. Ähnlich verhält es sich mit dem Buch von Renate Lilge-Stodieck, in dem sie dem Leser in unzähligen Themenbereichen ihre Lebenserfahrungen und Weisheiten offenbart.

Wir trafen uns erstmals 2015 im Rahmen eines Interviews zu meinem Bestseller: „Die Jahrhundertlüge, die nur Insider kennen", das sie für die Epoch Times führte.

Schon damals war ich besonders beeindruckt von ihrer Barmherzigkeit, ihrer Sanftmut und ihrer Nachsicht, die ich bis dahin noch nicht so erlebt hatte.

Ich wünsche dem Leser, auf eine Entdeckungsreise zu gehen, in der er die Chance hat, sich selbst zu finden.

Heiko Schrang
Wandlitz, den 02.10.2018

VORWORT DER AUTORIN

Alle meine Gedichte haben eine Geschichte – und aus den erlebten Geschichten werden manchmal Gedichte

Alle meine Gedichte haben eine Geschichte, aus der sie entstanden sind. Sie beginnen in mir zu sprechen und suchen ihre eigene Sprache und ihren eigenen Rhythmus, um meiner Antwort auf diese Geschichte Gestalt zu geben: Meine Antwort auf Begegnungen mit mir selbst und anderen.

Und ganz sicher ist das, was ich an anderen wahrnehme, ein Teil von mir, und das, was ich von mir beschreibe, lebt ebenso in anderen. Wie könnten wir einander sonst jemals verstehen, oder sogar erkennen?

Und so pendelt auch die Betrachtung anderer Menschen immer wieder zu uns selbst zurück. Wir spiegeln einander wider und wir verhelfen uns auch zur Erkenntnis unserer Einzigartigkeit. Wir brauchen einander, um lieben zu lernen im hellen Licht der Erkenntnis.

Und so gebe auch ich mich mir selbst zu erkennen im „Verdichteten" – und denen, die darin lesen wollen.

Renate Lilge-Stodieck
Berlin im Oktober 2018

EIN GEDICHT ENTSTEHT

Will ein Leben hier auf Erden fruchtbar werden,
muss es lernen zu gehorchen, dem, was tief im Innern wohnt.

Das sind Zeilen aus einem Gedicht, das entstand, als ich schon durch einige Krisen in meinem Leben hindurchgegangen war, Konflikte in Beziehungen erlebt hatte, gescheiterten Plänen und enttäuschten Hoffnungen nachgeweint hatte und immer wieder die Frage in mir auftauchte: Woher komme ich und warum bin ich hier?

Ich fand die Antwort lange, lange nicht, ich fand nur immer wieder meine Angst vor Neid und Missgunst, die mir begegneten, vor Entscheidungen, Trennungen, Verlusten und Missverständnissen, die mich in Sackgassen landen ließen. Aus ihnen führte kein sanfter Weg hinaus, sondern nur der – symbolische – Sprung aus einem Fenster oder in einen Abgrund – sichtbar in meinen Träumen.

Und so musste und konnte ich mir häufig nur einen Weg bahnen, indem ich abrupt absprang, aufgab, wegging. Da stand in mir nur das Nein, so nicht, aber wohin eigentlich, das fand ich erst, wenn ich das Nein überlebt hatte. Dieses „gehorchen dem, was tief im Innern wohnt", zeigte sich immer erst im Nein zu dem, was nicht zu mir gehörte.

Meine Gedichte sind ein buchstäblich „verdichteter" Ausdruck verschiedener Schichten, die in mir wohnen. Sie fangen einfach an zu sprechen als Antworten auf Menschen, die mir begegnen, oder Ereignisse, die mich berühren. Ich kann aber kein Gedicht „machen".

Angefangen habe ich mit diesen niedergeschriebenen Antworten, die immer etwas Überraschendes ans Licht bringen, im Jahr 1956, als während des Freiheitskampfes der Ungarn die sowjetischen Panzer durch Budapest rollten und alles niederwalzten, was sich ihnen in den Weg stellte.

Nie werde ich vergessen, ich war noch ein halbes Kind, wie wir aus dem Radio die letzten Hilferufe aus Ungarn empfingen: „Helft uns, helft uns!". Im Hintergrund hörte man die Panzer fahren. Und wir, ja wir persönlich, konnten gar nicht helfen. Ich war unendlich traurig.

Ich bin in West-Berlin aufgewachsen, da zählten politische Spannungen und Gefährdungen zu unserem Alltag. Immer fürchteten wir, dass „die Russen" wieder die Zufahrtswege wie während der Blockadezeit 1948/49 schließen würden. Und nun knebelten sie das ungarische Volk. Alle hatten Angst vor einem neuen großen Krieg.

Weinend ging ich in unser Kinderzimmer und schrieb das erste Gedicht meines Lebens, von dem mir nur drei Zeilen in Erinnerung geblieben sind: „Jesus tilgt all eure Sünden. / Wenn ihr bereit seid zu bereuen, / dürft ihr euch eures Lebens freuen."

Ich war ein frommes Kind. Diese Gewaltanwendung gegen ein freiheitsliebendes Volk war für mich eine Sünde. Aber keine Tat bleibt ohne Folgen, das wusste ich schon damals. Ein „Weiter so" empfand ich als Sünde der Angreifer und diese führte sie in den Abgrund, aber die Umkehr – „wenn ihr bereit seid zu bereuen" – konnte zu einem Leben voller Freude führen.

Dieses erste Gedicht entstand, indem ich mich einfach hinsetzte und hintereinander aufschrieb, was ich – im weitesten Sinne gesagt – gedanklich „hörte". Wenige Jahre später, beim ersten Liebeskummer, kehrte ich zu dieser Form des Ausdrucks zurück. Ich nenne es „Verdichten".

Ich danke meinem Verleger Heiko Schrang, der den letzten Anstoß gab, dass nicht nur etliche meiner Gedichte, sondern auch andere Texte, die in meinem Leben ein Rolle gespielt haben, nun in Buchform erscheinen.

Früher gab ich mir einmal den Künstlernamen Amanda Muthmacher, weil das mein auch beruflich gelebtes Programm war und ist, Menschen Mut zu machen, ihrer inneren Stimme zu folgen. Eine meiner Unternehmungen in dieser Richtung war die Veröffentlichung des „Inselmärchens", das 1981 als kleines Buch erschien und auf meinen Rat hin in den Buchhandlungen neben die Kasse gelegt wurde für fünf DM. Innerhalb eines Jahres wurden 6000 Bücher verkauft. Aus diesem Märchen erscheinen hier „Ayas" drei Gesänge.

Lassen Sie uns miteinander sprechen über das Leben, über den Tod, über Freundschaft und Liebe, über Glauben und Sinn, über die Realität und die Wirklichkeit, über den Schmerz und den Humor, auch über die Wut und andere wichtige Untugenden, und über die Sehnsucht, am liebevollsten verpackt von Joachim Ringelnatz. Ja, hier komme nicht nur ich zu Worte, sondern auch andere Menschen, die mir begegnet sind, oder deren Werke ich schätze, deren Namen stehen direkt unter ihren Texten, alles andere ist von mir.

UND AUF EINMAL STEHT ES NEBEN DIR

Und auf einmal merkst du äußerlich:
Wie viel Kummer zu dir kam,
Wie viel Freundschaft leise von dir wich,
Alles Lachen von dir nahm.

Fragst verwundert in die Tage
Doch die Tage hallen leer.
Dann verkümmert deine Klage...
Du fragst niemanden mehr.

Lernst es endlich, dich zu fügen,
Von den Sorgen gezähmt.
Willst dich selber nicht belügen
Und erstickst es, was dich grämt.
Sinnlos, arm erscheint das Leben dir,
Längst zu lang ausgedehnt. – –
Und auf einmal – –: Steht es neben dir,
An dich angelehnt – –
Was? Das, was du so lang ersehnt.

Joachim Ringelnatz, (1883 – 1934)

DAS EIGENE LEBEN

Will ein Leben hier auf Erden
fruchtbar werden,
muss es oft alleine gehn,
muss oft gegen viele stehn,
welche breite Straßen ziehn.

Muss sich stets von neuem fragen,
ob's nur tut, was auch gefällt,
oder ob's an allen Tagen
zu der eignen Antwort hält.

Muss sich, fragen, ob die Antwort
auch aus reinem Herzen kommt,
ob nicht Eitelkeit und Habsucht
ihm diktiert,
was ihm dann frommt.

Will ein Leben hier auf Erden
fruchtbar werden, muss es lernen,
zu gehorchen dem, was tief
im Innern wohnt.

DAS GESCHENK

Und so gebe ich dir
Rat, Tat, Wärme,
Weisheit, Klarheit, Licht –
und empfange von dir
Liebe und Leben,
als gäbe es
meine Gaben nicht.
Schmilzt alles dahin,
wirbelt, dreht sich,
tanzt und singt,
Liebe und Leben,
wie sind sie beschwingt.
Tief unter der Erde
fängt es an,
bricht aus
wie ein brennender Vulkan,
lodert feurig
zum Himmel empor,
fällt nieder

wie singender Engelschor,
mischt sich mit Erde,
Regen und Wind,
dreht sich im Kreis
wie ein lachendes Kind,
baut Hütten, Paläste –
zur gleichen Stund
singt es Lieder,
malt Bilder
so bunt,
dass Freude aus jeder
Farbe springt
und uns tanzend und singend
das Weltall umringt.
Das alles schenkst du mir.
Mit deiner Liebe
hast du mir mein Leben
wiedergegeben.

BEGEGNUNGEN

Wie oft denken wir, dass wir Zufällen ausgeliefert sind. Ich jedenfalls dachte früher so und damit war ich sicher nicht allein. Aber war das, was mir zugefallen ist, wirklich etwas, das ich schnell wieder vergessen sollte, etwas, das ich ablehnen oder übergehen konnte, was nichts mit mir zu tun hatte?

Im Laufe meines Lebens lernte ich, in diese Zufälle hineinzuhorchen und hineinzublicken, weil immer ein Geschenk darin verborgen ist. Manchmal auch das lapidare Geschenk, Nein sagen zu lernen. Das merkt man mir vielleicht nicht mehr an, aber das war für mich ein hartes Stück Arbeit. Furcht vor Liebesverlust tönt es gleich aus der Ecke der Tiefenpsychologen.

Nun schaden Fehler ja nicht nur mir selbst, sondern auch anderen – und das ist mir nicht gleichgültig. Es gab und gibt immer Ereignisse oder Entscheidungen im Leben, mit denen man anderen schadet, oder sie verletzt, das kann auch ich kaum vermeiden. Aber haben nicht die anderen auch ein Recht auf Zufälle? Etwas, das ich ihnen zuwerfe, ohne immer zu wissen, wie es wirkt? Ja, haben sie.

Wenn niemand sich bewegt oder alles vor lauter Angst vermeidet, dann wird das Leben eine Nullnummer. Dann er-leben wir nichts. Und was ist mit denen, die stundenlang meditieren? Nullnummer? Nein, aber ich halte es so, dass mein Alltag mit Familie, Freunden und Beruf weiterlaufen muss und erlebe immer wieder auch am Echo der anderen, wie meine innersten Erkenntnisse mich verändern.

Meditation ist eine Entdeckungsreise zu der eigenen Welt durch Räume, in denen es von Gedanken und Gefühlen wimmelt, die alle nicht unbedingt unsere eigenen sind. Bilder, die wir nicht erkennen, bis es still wird und sich eine Stille öffnet, die ohne Urteile ohne Bewertungen ist, die in einem Augenblick ankommt, der nicht beschreibbar ist.

Seit es mir gelingt, diesen inneren Zustand auch im Alltag abrufen zu können, der sich wie Leere anfühlt, fühle ich mich in Wirklichkeit reich.

Wie ich dorthin gelangen konnte, verdanke ich der Begegnung mit meiner Gesangslehrerin in Berlin. Ich ging zu ihr, um für meine journalistische Arbeit als freie Mitarbeiterin im Rundfunk meine Sendungen in guter Qualität sprechen zu können. Also eine Ausbildung meiner Stimme.

Was ich bei ihr erlebte und lernte, öffnete viele Wege nach innen und außen, ich lernte, wie das Singen von Liedern und ganzen Opernarien mein Innerstes geradezu herausforderte. Klangräume belebten sich ebenso wie seelische Welten, der Körper wurde lebendiger und die Seele auch. Aus der fragenden und beobachtenden Journalistin wurde eine lebensfroh singende Erlebende. Ein neues Berufsfeld öffnete sich nach einigen Jahren der nicht einmal beabsichtigten Ausbildung und ich wechselte mit Begeisterung in die Welt der heilsamen Lehrer, heute sagt man Coach dazu. Eine wichtige Rolle spielt in diesem Prozess das Hören, oder besser gesagt das Horchen.

ÜBER DAS HORCHEN

Du bist hier inmitten des Universums und alles lebt oder stirbt, wie es seine Bestimmung ist. Millionen, Milliarden Zellen in dir, um dich herum, leben und sterben, wandeln sich.

Du bist inmitten dieses Geschehens voller Staunen, voller Ruhe. Jetzt ist die Zeit der Ruhe. Es gibt andere Zeiten in deinem Leben. Zeiten des Handelns, Zeiten der Tatkraft.

Es gibt Zeiten des Aufnehmens und Lernens und Zeiten des Hergebens und Lehrens. Es gibt Zeiten des Sammelns von Besitz und Zeiten der Auflösung deiner Habe.

Es gibt Zeiten des Säens und Zeiten des Erntens. Es gibt Zeiten des Wartens, des Reifens, Zeiten der Bedrückung, des Zweifels, Zeiten der Fragen und des Mangels. Werde nicht müde, deine Zeiten zu erkennen.

Lerne zu horchen. Horchen ist hören und suchen zugleich. Denke nicht, ich könnte, müsste, sollte, oder gar „man sollte". Was nicht im Ein-Klang ist in dir, das tue nicht.

Viele Misstöne wirst du erst hören, nachdem du sie erzeugt hast. Vieler Worte Gift wirst du erst schmecken, nachdem du sie ausgesprochen hast. Vieler Taten Stachel zeigt sich erst in den Auswirkungen, denn was du aussendest, das kehrt zu dir zurück.

Lerne zu horchen. Vertraue auf den dir innewohnenden Weg. Niemals sei die Angst dein Ratgeber.

Denn du wirst viele Wege gehen müssen, obwohl du Angst hast, bis du eines Tages das aussendest, wonach du dich am meisten sehnst.

HORCHEN HÖREN SPRECHEN SINGEN SCHWEIGEN

Warum enthält dieses Buch so viele Glocken? Für mich sind sie wie ein Symbol für meine Gedichte. Sie haben eine Form und sie haben einen einfachen und doch reichhaltigen Klang, und dieser Klang weckt in jedem Hörenden eine andere Welt.

DIESES SCHWEIGEN

Dieses Schweigen
geht über alles
Schweigen hinaus –
führt ins Lauschen
in das Schweigen.
Suchen ohne Sucht –
Finden ohne Fühlen –
Wissen ohne Kenntnis –
Atmen ohne Notwendigkeit.
Keine Not, die sich nicht wendet.
Kein Blatt, das ungezählt
vom Baume fällt.
Dort sind wir.

ATMEND STEH ICH

Die Quellen alter Kraft
sind nun für mich versiegt.
Sie hießen Kampf
und Macht.

Wohl hab ich reichlich auch
an ihnen
meinen Mut gestärkt,
die Angst ertränkt
und die Verachtung
aufgebläht.
Und trefflich konnt
mit Worten ich
erschlagen,
was sich mir
in den Weg gestellt.

Doch brauch ich's
nun nicht länger,
denn meine Füße
sanken
bis auf den Grund
und atmend steh ich
in dem tiefsten Meer.

Den Himmel lieb ich
wandernd
auf der Erde Rund,
er senkt sich nieder,
selbst die Flügel
wurden mir zu schwer.

So, in der Mitte
schwingend
lausch ich,
was die Erde singt,
geb ich mich hin,
dass Meer und Himmel
täglich neu
durch mich erklingen.

Nein, Kampf und Macht
Und Sieg und Niederlage,
sie speisen mich nicht mehr.
Aus einer andern Quelle
strömt meine Kraft
mir her.

DIE WORTE

Waren doch die Worte
so geliebte Wirklichkeit,
Kraft, die sich verdichtete,
gern empfangen und
gegeben –
nun – ein Abglanz nur
des Wirkens in der Tiefe.
Warten, schauen, lauschen,
nicht mehr warten,
sein im Dasein.
Wunder der reichhaltigsten
Stille.

SEI STILLE HERZ

Sei stille Herz,
lass dich behüten,
geboren bist du,
um zu horchen
in diesen weiten Raum
der Ewigkeit.
Doch jeder Ton
erklingt in Raum und Zeit.

Lass alles Machen, Herz,
sei ohne Macht,
gib deiner Sehnsucht
Schwingen.
Das goldne Licht wärmt
und wird in dir
klingen.

Lass deiner Füße Kraft
dein Leben ganz
durchdringen.
Sei ohne Scheu,
die Liebe
gibt dir
Schwingen.

BUCHENDOME

Und noch einmal
horchte ich
in diesen Tagen,
was die Träume
ferner Zeiten
mir zu sagen
hätten –
als ich unter
Buchendomen
ihren wunderbaren
glatten
matten grauen
Glanz berührt.
Ihrer Elefantenstämme
Kraft.

STEINE

Am Abgrund des Schmerzes
entlang gewandert
ein Leben lang,
im Stolz erstarrt
und vor dem Sinn
davongelaufen,
die Sinnlosigkeit
fürchtend.
Das unzählbare Sterben,
das schweigende Leiden,
der schreiende Schmerz,
es weigerte sich das Herz,
zu sehen, zu hören,
zu fühlen.
Das steinerne Herz suchte
das versteinerte Sein.
Wenn Steine reden,
wird das versteinerte Herz
aufbrechen
und leben.
Wenn alle Steine reden
vom ewigen Sein
im Stein,
dann werde
ich sein.

SONNENKIND

Nein, ich will mich nicht
in dein Leben begeben,
will dir nur helfen,
den Schatz zu heben,
der in dir verborgen
hinter viel Mühsal,
Kummer und Sorgen.

Will dir nur helfen,
das Lachen zu wecken,
auch das kannst du
vor mir nicht verstecken.

Will nur helfen,
alle Scham zu vertreiben,
denn dann wird nur
die Freude noch bleiben,
dass du bist, wie du bist,
tanzendes Kind
im Sonnenlicht.

Sprich uns von dir,
das wird uns entzücken,
was du fühlst, siehst,
riechst und schmeckst,
wenn du ganz leise
die Schmetterlinge
schreckst.
Komm, Sonnenkind,
tanze im Wind.

WEISHEIT

Wenn das Ur-Alte,
das Weise
auf deiner Reise
dir begegnet,
so sieh es an,
und dann
zünde ein Feuer an,
das alles Uralte
und Weise verbrennt.

Und dann warte,
bis der Rauch
sich gelegt.
Sei still, bis alles Laute
verstummt.

Nur dein Herz
schlägt,
nur dein Atem
trägt das Leben
in dich hinein.
Aus tiefstem Grund
wirst du dann
neu geboren sein.

ALS JUGENDBOTSCHAFTERIN NACH INDIEN

Mehrfach habe ich in meinem Leben das Glück gehabt, dass neue Türen aufgingen, ja selbst, dass nach schwierigen Lebensphasen sich wieder Lichtblicke auftaten. Geradezu überwältigend brach in mein Leben hinein der Gewinn eines Aufsatzwettbewerbs an Berliner Oberschulen als Jugendbotschafterin für Indien.

Vier Wochen lang durften ein Berliner Oberschüler und ich im Rahmen der völkerverbindenden Idee eines Inders und seiner „Share Your Toys Foundation" – Teile dein Spielzeug Stiftung – durch Indien fahren, Schulen besuchen, dort Reden halten, das Leben in indischen Familien kennenlernen und uns für die Verständigung auch mit einem so weit entfernten Volk einsetzen. Begleitet wurden wir von einer Studienrätin, einem Reporter der Berliner Morgenpost und einem kleinen Fernsehteam vom Sender Freies Berlin.

Ich wollte nach Indien. Also hatte ich den Aufsatz geschrieben mit dem Thema: „Welches Bild haben Sie sich bisher von Indien gemacht?" Bevor ich anfing zu schreiben, fragte ich meine Eltern am Abendbrottisch, ob ich denn auch fahren dürfte, sollte ich gewinnen. Großes Gelächter rundum, ich hatte ja noch nicht eine Zeile geschrieben! Aber dann großes Ehrenwort, dass ich auch fahren dürfte.

Ich gewann. Den Schlussakkord des Wettbewerbs setzte eine Kaffeetafel im Schöneberger Rathaus, dem damaligen Sitz der Stadtregierung, zu dem die 18 besten Teilnehmer eingeladen waren. Egon Bahr, damals Pressesprecher des Senats und des Regierenden Bürgermeisters Willy Brandt, hatte den Vorsitz. Vermutlich half mein kesser Satz, dass wir ja durchaus auch einmal berühmt werden könnten und ich mich dann für die Völkerverständigung einsetzen würde. Vier Tage später bei der Preisverleihung zitterten mir die Knie.

Als wir in Indien ankamen, auf dem Flughafen Dum Dum bei Kalkutta, ich nehme die damaligen Namen, hatte ich das aufregende Gefühl, nach Hause zu kommen. Es sollte so sein. Vier Wochen waren wir unterwegs in etwa 40 Schulen hielten wir Reden, wurden mit großen Veranstaltungen geehrt, wir wohnten bei Familien, die uns verwöhnten mit indischer Gastfreundschaft.

Wenn wir die Wohnung einer Familie betraten, wurden wir zunächst zu der Mutter, oder Großmutter geführt, sie hatte im Haus das Sagen, danach ging man mit uns zum Hausaltar. Im Hinduismus gibt es eine Vielzahl von göttlichen Wesen, eine bunte Schar. Damals lebten fast alle noch in Großfamilien zusammen, erst durch die Industrialisierung veränderte sich das, nicht immer zum Vorteil.

Meine Affinität zu fernöstlichen Weisheitslehren wurde geweckt und ist nie wieder erloschen. Wir begegneten dem berühmten Ministerpräsidenten Nehru, aber am berührendsten verlief die Einladung an einem Abend beim Vizepräsidenten Radakrishnan. Er hatte sich ebenso wie Nehru gemeinsam mit Gandhi am Befreiungskampf aus der englischen Kolonialherrschaft beteiligt. Seelenruhig erzählte er aus seinem Leben. Über seine Zeit in britischer Gefangenschaft sagte er: „Sogar dort hatte ich nie das Gefühl, dass der Höchste mich verlassen hätte." Für mich der wichtigste Satz auf der ganzen Reise und die wichtigste Begegnung.

Später habe ich mir oft gewünscht, einmal in den Himalaya zu fahren – mit dem Gedanken: „Dann ist alles gut." Aber mein Leben verlief anders und allmählich kam ich dahinter, dass von außen nichts „gut" werden kann, was nicht von innen gut ist, da nützen auch keine hohen Berge. Jetzt habe ich innen, was ich außen suchte. Auch das ist in meinen Gedichten zu finden. Dieser Glockenton wurde in Indien angeschlagen

MUTTER INDIEN

Mutter, deine Kinder hungern.
Deine heiligen Kühe
müssen betteln gehen.
Mutter Indien,
sie bauen dir Tempel,
aber der kleine Junge
kennt dich nicht.

Er sammelt den Kot
deiner heiligen Kühe,
damit er daheim
ein wärmendes Feuer hat.
Der kleine Junge
liebt dich nicht,
er kennt keine Mutter.

Er sieht fremde weiße Menschen
aus Eisenbahnfenstern schauen.
Sie haben glitzernde Kästen
vor ihrem Gesicht.
Es klickt.
Fremder, was willst du?
Staunst du,
wenn ein kleiner Junge
Hunger hat?

SPINNWEBEN

Manchmal tropfen die Tränen
der Einsamkeit
mühsam durch das
Stundenglas,
kleben die grauen Netze
der Sorgen spinnenwebfein
über jeden Tag.

Soll sie nie enden die Mühsal,
wozu leben in all dieser Qual?

Doch plötzlich, Libelle,
zeigst du mir, wie zu leben,
wie im begeisterten
Flug zu schweben,
und auch du, Regenwurm,
reckst deine Glieder,
kriechst vergnügt
aus des Tages Licht
unter die Erde wieder.

Sinn, der euch trägt,
ist das Leben selbst,
warum lasse denn ich
mich nicht leben?

Und schon erwacht
in mir Neugier
und auch Gelächter.
Als ich in Sorgen lag,
mich jedem Spinnweb
ergab, ging es mir schlechter.

DAS KIND IN MIR

Du nahmst mich
bei der Hand
ganz leise nur
und gingst mit mir
ins Wunderland
der atmenden Natur.
Am Wiesensaum,
nicht weit vom Bach,

lagen wir bäuchlings
und schlüpften, nein,
schwangen uns hinein
in Strauch
und Bach
und Wiese
mit unserm ganzen Sein.

Zwei Kinder, so lagen wir
inmitten von wimmelndem Getier.
Waren die hungrigen Vögel
im Neste, suchten als Vogeleltern
das Beste für unsere Brut.

Ah, tat das gut,
in der Sonnenwärme
zu liegen und als Adler
durch die Lüfte zu fliegen,
als Saft in den Bäumen
aufwärts zu steigen,
und als Duft im Kelche
der Blüte zu bleiben.
Das alles danke ich dir,
Kind in mir.
Behutsam nahmst du mich
bei der Hand und ich folgte dir
in dein Wunderland.

DAS DICHTERWORT

Taumelnd atmen wir
des Genius Strahlen,
sagen Worte,
um ihn zu verstehn.
Ahne, Seele,
ein gemeinsam Schlagen.

Schwebend suchen wir,
das Wort zu hören,
dem der Dichter
Himmelswonnen gab.
Lausche, Herz, und
lasse dich betören,
schenke mir, was ewig
darin tönt.

Jauchzend lieben wir
in stillen Tiefen,
was das Wort
uns endlich offenbart.
Schweig, mein Herze,
magst nun in dich schließen
Gnade, die dir ward
Im Dichterwort.

WER SAGT ES DIR?

Wer sagt es dir,
dass wir des Nachts
in Kummer, Freude
oder stillem Ahnen
dir unsre Herzen dargebracht –

Wer zeigte dir,
war es dann Tag,
dass wir voll Sehnen
oft auf dich gewartet,
ob du ein Lächeln nur uns gabst –

Wir ehrten dich,
du standst im Licht,
erhaben still,
wir wussten jedoch kaum,
was uns geschenkt ward nur durch dich –

Wir lieben dich,
einst kommt die Stund,
in der wir freudig,
was wir heut erst ahnen,
erkennen und den Göttern danken.

WARUM BIN ICH IN DER ÖFFENTLICHKEIT?

Ich habe mich in meinem Leben selten gescheut, auch vor vielen Menschen zu sprechen und zu meiner Meinung zu stehen. Ich habe das nicht immer gesucht, aber ich bin auch nicht ausgewichen. Und so gehören die Geschichten davon ebenfalls in dieses Buch der Begegnungen mit mir selbst und anderen.

Im Jahr 1987 traf ich durch einen chinesischen Arzt auf eine kleine Gruppe von Chinesinnen und Chinesen in Berlin und auf die buddhistische Lehre von Falun Dafa. Wobei der Ausdruck Falun für ein drehendes ‚Gebotsrad' steht und ‚Dafa' für das große kosmische Gesetz des Universums. Ehrlich gesagt faszinierte mich zunächst die Ausstrahlung dieser ‚Praktizierenden', wie sie sich nannten. Und ich weiß, dass es an der Oberfläche auch Eitelkeit war, was mich bewog, die Übungsform, das ‚Falun Gong', zu erlernen, wobei Gong für Energie steht. Wer strebt heutzutage nicht nach Energie? Alle Teilnahme war freiwillig und umsonst und das ist und bleibt auf der ganzen Welt auch bis heute so für alle, die es lernen wollen.

Es dauerte nicht lange, dass ich auch mit den damals erst spärlich übersetzten deutschen Texten und einigen davon in englischer Sprache begriff, dass ich hier etwas ganz Großem begegnet war, das die Gesetzmäßigkeiten des Universums – von Ursache und Wirkung – auf vielen Ebenen erklärte. Durch die sanften Körperübungen wird ein Energiefluss in Gang gesetzt, der die Praktizierenden befähigt, auch im täglichen Leben nach den höchsten Grundsätzen des Universums zu leben, nämlich nach Wahrhaftigkeit, Barmherzigkeit und Nachsicht.

Aus meiner Gesangs- und Therapeutenausbildung war ich gewöhnt, Körperübungen und geistige Konzentration zu koordinieren. Und aus meinen Begegnungen mit östlicher Spiritualität durch die Lektüre der indischen Bhagavadgita über das Tibetanische Totenbuch bis zum chinesischen I Ging, war ich längst über den christlichen Rahmen meiner protestantischen Erziehung hinausgegangen. Beglückend hinausgegangen.

So waren meine Türen weit geöffnet, aber diese tägliche Praxis hatte etwas, dem man nicht ausweichen konnte, wenn man den Raum des Dafa, des Großen Gesetzes wirklich betreten wollte. Ich wollte. Ich erinnerte mich an ein Zitat aus Goethes Xenien: „Wer mit dem Leben spielt, kommt nie zurecht. Wer sich nicht selbst befiehlt, bleibt immer ein Knecht." Und eine allmähliche Befreiung aus der Knechtschaft der Unwissenheit und Beliebigkeit setzte recht bald ein.

Viele meiner hier abgedruckten Gedichte sind vor dieser Zeit entstanden, spürbar auf dem Weg nach innen. All das spielte sich im Kreis meiner Familie und Freunde und im weiteren Kreis meiner Schüler und Kursteilnehmer ab. Ich brachte ihnen die Grundlagen von Atem, Stimme und Entfaltung ihrer Persönlichkeit bei, was mich ganz erfüllte und begeisterte. Und womit ich als Selbstständige auch sehr zufrieden war.

In Berlin baute sich dann zusätzlich seit 1998 zunächst durch Weitersagen und einige Veröffentlichungen ein Kreis von deutschen Praktizierenden des Falun Gong um mich herum auf und eine Gruppe von chinesischen Übenden in einem anderen Stadtteil. Einmal in der Woche trafen wir uns zum gemeinsamen Üben, Lesen und zum Austausch.

Aber eines Tages, am 20. Juli 1999, erreichte uns eine eilige Nachricht aus China, dass Falun Gong zum Staatsfeind erklärt worden war und die Praktizierenden dort in Scharen von den Übungsplätzen im Freien am Morgen abgeholt und zunächst in Sportstadien interniert worden waren, von wo aus man sie in Gefängnisse und Arbeitslager brachte. Es gab damals an die 100 Millionen Falun Gong Anhänger in China. Seit 1992 war Falun Dafa durch den Meister Li Hongzhi öffentlich verbreitet worden, hatte auch staatliche Anerkennung bekommen, war im Fernsehen gezeigt worden, was nur hatte diesen Sinneswandel bewirkt?

Um es kurz zu machen: In China regierte damals wie heute die Kommunistische Partei Chinas, die KPCh und Jiang Zemin, ihr damaliger Partei- und Regierungschef, drückte diese Verfolgung durch. Er hatte Panik, dass die Partei mit ihrem alleinigen Herrschaftsanspruch über die Köpfe und Herzen der Chinesen, diesem im traditionellen buddhistischen und taoistischen Geistesleben des Volkes verwurzelten Glauben eines Tages wieder das Feld räumen müsste.

Begleitet wurde diese Verhaftungswelle von einer maßlosen Propaganda durch die Staatsmedien, die auch im Ausland in den Medien kritiklos übernommen wurde. Was war zu tun, und warum erzähle ich das hier?

Mit einem Mal wurde ich in eine Öffentlichkeit gerufen, die ich nicht gesucht hatte, aber es war für mich selbstverständlich, dass ich auch öffentlich meinen Mund aufmachte, wenn es um Menschenleben ging und eine brutale Verletzung von Menschenrechten. Einige von uns hielten in Berlin eine Pressekonferenz ab, ich gehörte dazu. Es war für mich einfach richtig, auch öffentlich für Falun Dafa einzutreten und für die Befreiung der Praktizierenden in China. Ich lebe in einem freien Land und ich bin von Dankbarkeit erfüllt für alles, was mir durch Falun Gong gegeben wurde, hier konnte ich etwas zurückgeben. Ich tue es bis heute. Auch öffentlich.

Die Verfolgung und dieser unvorstellbare und heimliche Völkermord, der in China durch staatlich organisierten Organraub an Lebenden entsteht, ziehen bis heute ein blutiges Band durch Chinas Geschichte. Da wir als Dafa-Praktizierende nicht kämpfen, sondern in jedem Fall friedlich bleiben, gehen wir den Weg der Aufklärung über das Unrecht. Zunächst mit Pressemitteilungen und Flyern, mit Infoständen und persönlichen Besuchen bei Politikern, schließlich auch mit dem Aufbau eigener Medien, zunächst in den USA und seit 2005 auch in Deutschland.

Zusammen mit anderen Praktizierenden gründete ich in Berlin als Chefredakteurin die Epoch Times Deutschland, zunächst als Printmedium, später auch als Online Portal, www.epochtimes.de. Und dort arbeite ich bis heute.

In der Epoch Times gibt es auch immer wieder Berichte über den organisierten Organraub an Falun Gong Praktizierenden, wie auch inzwischen an Uiguren und Tibetern, die in China in Arbeitslagern wie Organbanken gehalten werden. Eigentlich fast unvorstellbar.

Wir lassen nicht locker in der Berichterstattung über China und die Untaten seiner immer noch kommunistischen Regierung. Wir sind heute in Deutschland ein großes Newsportal für alle presserelevanten Themen mit monatlich an die 16 Millionen aufgerufenen Seiten. Da ich meine berufliche Laufbahn als Journalistin beim Rundfunk begonnen hatte, konnte ich an vieles wieder anknüpfen und das Team begleiten, ermutigen, bei der Stange halten in guten und schwierigen Tagen. Und auch ein Team erleben, das zusammenhält und großen Einsatz leistet. Die Epoch Times erscheint inzwischen auf fünf Kontinenten, in 21 Sprachen in 35 Ländern. So kam ich also in die Öffentlichkeit.

Den Mut und die Kraft, diese Medien aus dem Nichts aufzubauen, gibt uns das Leben nach den höchsten Prinzipien des Universums, sie heißen:

Wahrhaftigkeit, Barmherzigkeit und Nachsicht.

Das kann man gar nicht oft genug wiederholen. Nicht, dass es immer leicht wäre, danach zu leben, aber die Hindernisse, die wir uns selbst in den Weg legen, sind auf dem Hintergrund dieser Prinzipien, der anleitenden Lehre und dem direkten Austausch untereinander leichter zu erkennen. Bei Konflikten heißt es, nach innen zu schauen, was es uns sagen soll, und dann immer zuerst an die anderen denken, nicht immer Recht haben wollen, nicht andere kränken oder verletzen.

Ja, da hätten wir auch die christlichen Gebote befolgen können, haben wir aber nicht, oder nur manche. Da hatten sich schon so viele falsche Töne eingeschlichen, dass viele abgeschreckt werden.

Denn die Verknüpfung der Kirchen von einer so hohen und eigentlich reinen Lehre, wie es das Christentum ist, mit Macht und Geld, ist einfach ein Irrweg. Ich hatte sie schon längst verlassen.

In meinen Gedichten ist auch viel von den Hindernissen die Rede, die   unerkannt und unerlöst in uns ihr Unwesen treiben, ob das nun Ehrgeiz, Neid und Habsucht sind, oder Lügen, Hochmut, Verzweiflung und Traurigkeit. Ich fühlte mich durch die nahe Begegnung mit mir selbst und meinen Mitmenschen eigentlich gut vorbereitet, sie zu entdecken. Aber entdecken heißt ja nicht immer schon beseitigen, denn immer wieder stoße ich in mir auf Verhaltensweisen, die kühl oder schroff sind, die wie eine Membran über meinem Herzen liegen, fast durchsichtig, aber mit Bremswirkung. Ich ziehe sie ab, wenn ich sie entdecke, sie wandern sofort auf den Müll oder ins Feuer. Das ist viel direkter als jede Therapie, obwohl ich nichts dagegen sagen möchte. Bin ich doch selbst durch die Gesangsausbildung in einen therapeutischen Prozess gekommen, den ich nicht missen möchte und den ich nach den ersten Jahren als Journalistin begeistert zu meinem zweiten Beruf gemacht habe.

Im Falun Gong heißt dieser Prozess Kultivierung. Falun Gong ist also eine Kultivierungsschule. Alles begegnet uns zur richtigen Zeit, man muss nur hinschauen oder horchen, was die Stunde geschlagen hat. Nicht für die anderen, sondern für uns.

Was ich aber bei allem Leid und Schrecknissen, über die wir als Medien berichten müssen, nicht missen möchte und nicht vergessen möchte, ihn zu Wort kommen zu lassen, das ist der Humor.

Mir hat der Humor schon oft das Überleben im Lächeln ermöglicht, wobei ich mehr zum männlichen Humor neige, etwa dem von Joachim Ringelnatz, aber beginnen wir mit dem ebenso köstlichen weiblichen von Teresa von Avila, die in Spanien in einem Kloster lebte von 1515 bis 1582:

GEBET DER TERESA VON AVILA (1515 - 1582)

Oh Herr, Du weißt besser als ich, dass ich von Tag
zu Tag älter und eines Tages alt sein werde.
Bewahre mich vor der Einbildung, bei jeder Gelegenheit
und zu jedem Thema etwas sagen zu müssen.
Erlöse mich von der großen Leidenschaft,
die Angelegenheiten anderer ordnen zu wollen.

Lehre mich, nachdenklich, aber nicht grüblerisch,
hilfreich, aber nicht diktatorisch zu sein.

Bewahre mich vor der Aufzählung endloser
Einzelheiten und verleihe mir Schwingen,
zur Pointe zu gelangen.

Lehre mich schweigen über meine Krankheiten
Und Beschwerden. Sie nehmen zu, und die Lust,
sie zu beschreiben, wächst von Jahr zu Jahr.

Ich wage nicht, die Gabe zu erflehen,
mir die Krankheitsschilderungen anderer
mit Freude anzuhören, aber lehre mich,
sie geduldig zu ertragen.

Erhalte mich so liebenswert wie möglich.
Lehre mich die wunderbare Weisheit,
dass ich mich irren kann.

Lehre mich, an anderen Menschen unerwartete
Talente zu entdecken, und verleihe mir, o Herr,
die schöne Gabe, sie auch zu erwähnen.

DAS NEINSAGEN

Manchmal war ich am Verzweifeln, wenn jemand sagte, schau doch mal in Dich hinein, was du wirklich willst, was wirklich zu dir passt, als ob das so einfach wäre. Herzenstür öffnen, reinschauen, aha, das bin ich wirklich und das will ich wirklich.

Selbstverwirklichung – großer Renner in allen Esoterikzirkeln. Das endete für viele mit einem Egotrip, was man sein wollte, und nicht mit den Schritten, was man lernen müsste, um etwas zu werden und zu sein.

Tagträume statt sich auf den Weg zu machen. Dass noch kein Meister vom Himmel gefallen ist, kann man leicht umformulieren, dass wir zwar vom Himmel gefallen sind, aber auf dieser Erde ziemlich mühsam das Laufen lernen müssen, bis unsere göttliche Meisterschaft sich hier verwirklichen kann.

Und selbst dann, wenn wir viel gelernt haben, Prüfungen bestanden und Meisterschaft erlangt oder Karriere geschafft haben. Was fehlt? Oder was macht uns reich? Was macht uns zufrieden oder gibt uns inneren Frieden?

Mein Mann, der sehr viel älter war als ich, sagte manchmal ganz leise mitten im Alltag zu mir: „Mach's doch mal mit Liebe". Oh, ich war doch so nett. Reichte das nicht? So viel inneres Nein war noch in mir, so vieles, was ich nicht sein oder machen wollte, aber ich war doch wohlerzogen und nett.

Bei anderen spürte ich das genau, aber mich selbst hatte ich noch längst nicht durchschaut.

SEI NICHT NETT

Sei nicht nett!
Nett legt sich fett
zu dir ins Bett,
macht sich da breit,
wenn das Herz auch schreit.

Ist nett denn klug –
oder doch Betrug?
Hinter nett liegen fett
Feigheit und Hochmut
in deinem Bett.

Diese Begegnungen mit mir selbst und anderen waren oft der Auslöser, etwas niederzuschreiben, was man Gedicht nennt. Ich habe diese Gedichte nicht gemacht, sie fangen an in mir zu sprechen und ich muss mich dann möglichst schnell hinsetzen, um sie aufzuschreiben. Sie sind etwas Ver-dichtetes. Ich nannte sie: „An mich selbst und andere"

AN MICH SELBST UND ANDERE

Ach, wüsstest du,
wie dumm du bist,
dann wäre schon
der Weisheit Quell
in dir geboren –
und ewig strömte Neues,
nie gekanntes
in dich ein.
Doch du sitzt wie ein Narr
vor allen Toren
und dünkst dich
klug und sauber,
stark und rein.

Ach, wüsstest du,
wie taub du bist,
dann wüchsen ins Unendliche
dir deine Ohren.
Doch du bist taub und stumpf
und hältst den Glockenklang
für ein Gebet
und hörst nicht,
wie darunter
Kinder weinen.

Ach, wüsstest du,
wie blind du bist,
dann könnte keine Schminke
dich mehr täuschen.
Du sähest gerade
in dein Herz hinein,
und sähest allen Kummer dort
und alle Pein.

Du sähest die verborgnen
Wünsche schlummern
in Ohnmacht
hinterm Lügenschrein.
Du sähest dort
ein Kind
vor Kälte wimmern,
und könntest doch
schon immer
bei ihm sein.

Ach, wüsstest du,
wie feig du bist,
bequem, faul, geizig,
ohne Saft und Kraft.
Du rissest alle Tore auf,
gäbst allen Müll
auf einen großen Hauf –
und heiztest dir
dann kräftig ein.

MASSENVERNUNFT STATT CHAOS

Im Jahr 2009 schrieb ich für die Epoch Times einen Artikel, der immer noch aktuell ist, vielleicht kann er uns auch jetzt noch stärken.

1984 in Berlin, in Westberlin, begegnete es mir zum ersten Mal: das erstaunliche Phänomen der „Massenvernunft". Auf dem damals freien Feld vor dem Reichstagsgebäude veranstaltete André Heller, das Wiener Allroundtalent, ein spektakuläres „Feuertheater". Eine halbe Million Besucher rollten bereits Stunden vorher mit Bussen und Bahnen an und zogen auf die grüne Wiese um dort der zauberhaften Dinge zu harren, die da kommen sollten.

Und so kam es auch: Musik und Feuerwerk hoben die Stimmung und das Volk war begeistert. Der Heimweg begann im Gedränge, langsam – sehr langsam – schob sich die Menge voran. Nach einer Stunde begann neben mir ein älterer Mann ungeduldig zu werden und die Nachbarn ein bisschen anzumachen. Doch ohne Erfolg. Es war förmlich zu spüren, wie sich alle bemühten, Frieden und Ruhe zu bewahren.

Die Aggressionen liefen ohne ein lautes Wort einfach ins Leere und die Menschenmasse mit Kindern, Alten und Jungen, Frauen und Männern schob sich geduldig weiter. Wenn es nur das geringste Gerangel gegeben hätte, so konnte sich jeder ausmalen, was für ein ausweglosses Chaos entstanden wäre. So taufte ich innerlich dieses Phänomen „Massenvernunft". Ich war tief beeindruckt von der Vernunft und der Fähigkeit dieser 500.000 Menschen, ohne Zwischenfälle das Feld wieder zu räumen eingedenk der Worte des slowenischen Aphoristikers Zarko Petan *„Volksmassen sind wie Lawinen, schon ein Schrei kann sie in Bewegung setzen."*

In Berlin mit seinen vielen Besuchern gab es seither viele Beispiele solcher Massenvernunft. Der Fall der Mauer 1989 war bei aller überwältigenden Freude und trotz des Schlachtrufs „Wahnsinn" auch ein Ereignis der Massenvernunft, welches letztlich mit Umsicht und Rücksichtnahme ablief. Die Leipziger hatten es in ihren Rufen „ohne Gewalt" in den Monaten davor ebenso gehalten, gipfelnd in dem Ruf: „Wir sind das Volk".

Selbst die Fanmeilen bei der Fußball-WM 2006 mit bis zu einer Million freudetrunkener Fans, oder die seit 1989 stattfindenden Riesenpartys zu Silvester rund um das Brandenburger Tor, waren getragen von einer unterirdischen stillschweigenden Übereinkunft, die heißt: *Wir wollen leben und leben lassen.*

Was das jetzige Chaos im Berliner S-Bahnverkehr angeht, hervorgerufen durch vernachlässigte Kontrolle der technischen Sicherheit, so musste selbst die Boulevardpresse umschwenken von den wüsten Beschimpfungen gegenüber der Stadtregierung hin zu verwunderter Anerkennung der Berliner Fahrgäste. 1,3 Millionen nutzen täglich die S-Bahn, die einsetzenden Ferien verminderten den Druck der Massen etwas, aber das eigentliche Wunder ist wieder diese Massenvernunft, mit der die Opfer der Schlamperei sich ihre Lebensqualität erhalten und neue Wege suchen, oder die Enge in den Zügen einfach ertragen.

Bleibt noch die Frage, ob und wie in den kommenden Monaten die Menschen hierzulande diese „Massenvernunft" anwenden, wenn es um die Schweinegrippe oder um die Finanzkrise geht? Und welche Ideen werden die Menschen entwickeln, wenn die Machenschaften der Finanz-Gangster das Wirtschaftssystem und den Staatshaushalt, also unsere Steuergelder, noch weiter absaugen?

Da geht es ja nicht um fröhliche Ereignisse wie Feuerwerk, Mauerfall und Fußballspiele. Werden die „Massen" nur dazu schweigen, oder mit aller Vernunft auch nach dem Staatsanwalt rufen? Rufen, dass Verantwortliche auch tatsächlich Verantwortung übernehmen müssen und dass unsere Zukunft und die unserer Kinder und Enkel nicht noch mehr ruiniert wird?

Erschienen in der Epoch Times Deutschland 28/2009
https://www.epochtimes.de/welt/massenvernunft-statt-chaos-a474207.html

BEGEGNUNGEN MIT DEM TOD

Viele Menschen haben mir erzählt, dass sie noch nie einen Toten gesehen haben. Nach wie vor ist das ein Tabuthema in unserer Gesellschaft. Das hat mich bewogen, auch darüber zu schreiben, was ich erlebt habe und welche Gedanken und Empfindungen dabei entstanden sind.

Die Frage über ein Leben nach dem Tod bewegt inzwischen auch westliche Menschen, die durch ihren Glauben an die Wissenschaft und die Machbarkeit und Beherrschbarkeit der Welt den Zugang zu ihrer eigenen Wahrnehmung verloren haben. Ist es nicht eine Ironie des Schicksals, dass wir bisher noch nicht einmal bemerkt haben, dass unsere „Wissenschaft" auch ein Glaubenssystem ist? Denn wenn man allein die Irrtümer in der Medizin der letzten 200 Jahre betrachtet, beziehungsweise den „augenblicklichen Stand des Irrtums", der sich alle zehn Jahre ändert, dann kann man zwar viele Entdeckungen und Entwicklungen bewundern und nutzen, aber an das Geheimnis unserer Existenz hier auf dieser Erde rühren sie nicht im Entferntesten. Wobei die Frage nach dem Leben vor der Geburt noch heftiger ausgeklammert wird.

Zwar hat es lange gedauert, bis ich gewagt habe, meinen eigenen „Wahr-Nehmungen" zu trauen – was für ein schönes Wort – und natürlich habe ich auch viele kluge Bücher gelesen und andere Menschen befragt. Ich bin vor allem dem Thema von Geburt und Tod, Leben und Sterben nie ausgewichen.

Meine erste erinnerbare Begegnung mit dem Sterben hatte ich, als mein Großvater starb und ich mich fürchtete, ihn anzuschauen, da war ich vierzehn Jahre alt. Aber meine Großmutter nahm mich bei der Hand und bat mich so herzlich, dass ich es ihr nicht abschlagen konnte. Bis heute bin ich ihr dankbar dafür, denn der Anblick des geliebten Großvaters war so berührend, er lag auf der Seite, so wie er in der Nacht gestorben war und sah wie ein glückliches schlafendes Kind aus. Der Abschied war traurig, aber nicht erschreckend. Zu wissen, dass man so friedlich im Schlaf sterben kann, hat mir in manchen späteren Situationen geholfen, auch Sterbenden eine ruhige Begleiterin zu sein.

Dieser Großvater hatte mir wenige Monate zuvor zum Tag meiner Konfirmation sechs liebevolle Vierzeiler mit auf den Lebensweg gegeben, deren Bedeutung und Ermutigung ich erst viel später erkannt habe. Geschrieben auf zartgrauem Büttenpapier:

Siehe der Frühling kündet sich an,
Zaghaft erst schwellen die Knospen,
Rauhe Kälte oft noch hemmt das Sprießen.
Siegreich jedoch werden Blatt und Blüte brechen die Fessel.

Siehe, auch Du stehst im Frühling des Lebens,
Fülle Herz und Auge mit fröhlicher Lust!
Frühlings Drängen wird von Natur gebändigt,
Du halte innere Schau, damit den rechten Weg Du findest.

Gute Eigenschaften Deiner Eltern trägst Du in Dir,
Ein redliches Leben in tiefer Herzensgüte leben sie Dir vor,
Blicke in Dankbarkeit auf sie und eifere ihnen nach,
All Deine Fähigkeiten entfalte zum Guten und Schönen.

Niemals sind materielle Güter verlässliche Grundlage
des Lebens,
Kräfte des Geistes und der Seele und Macht des Wissens
Dauern fort und geben klärende Erkenntnis
Vom Wert und wahren Sinn unseres Seins.

Mut habe zum Dienen jederzeit dem Höchsten,
solch echte Demut nur der Seele Frieden gibt!
Aufrecht und wahrhaft stehe vor Menschen,
Lass Dich nicht niederdrücken vom Hochmut anderer.

Deine Art ist nicht zu blühen als verborgenes Veilchen,
blühe denn als prächtige Rose,
jedes Blütenblatt ein zartes Wunder,
jede Deiner Gaben bringe zum köstlichen Blühen,
zum warmen Leuchten.
Sei unermüdlich stark im Schaffen, Helfen und Erfreuen.
Unser Segen ist mit Dir!

Welch wunderbare liebevolle Botschaft für eine Vierzehnjährige, die ich damals war.

Viel später erst erkannte ich, dass die Ausstrahlung, die ein Mensch im Tod hat, viel von seiner Lebenshaltung zeigt. Zu dieser Erkenntnis kam ich, als mein Vater mit fast 69 Jahren starb. Nach einer Gehirnblutung hatte er vier Wochen lang halbseitig gelähmt und ohne sprechen zu können im Krankenhaus gelegen, wo er auch starb. Der Tod trat am frühen Morgen ein und ich fuhr mit meiner Mutter in die Klinik. Er lag noch in seinem Bett auf dem Rücken wie in den letzten Wochen mit einer schönen ruhigen Ausstrahlung. Als ich das Zimmer betrat, durchfuhr mich ein Schlag der Erkenntnis, auf den ich gar nicht gefasst war. Ich war damals 39 Jahre alt.

Ich schrieb ihm am selben Tag einen „Brief", ich war sicher, er würde ihn „lesen", an solchen Tagen wird die Welt luzide, durchscheinend.

Hier ein Teil dieses Briefes: „Im Krankenhaus sind alle sehr freundlich und auch traurig, denn Du warst ein freundlicher und geduldiger Patient. Sie haben Dich noch in Deinem Zimmer gelassen.

Du bist so blass. Dein Kopf liegt halb nach links geneigt, wie ein edler Christuskopf, zart und elend. Warum sind deine Füße nicht zugedeckt. Warum liegst Du hier so bloß? Ich kann gar nicht verstehen, dass Du mein Vater warst, so zart siehst du jetzt aus und so ohnmächtig. Langsam begreife ich, dass Du aussiehst wie ein edler Jüngling. Du hast alles getan, was man von Dir erwartete. Höflich, fleißig, pflichtbewusst und liebevoll, auch mutig und doch nicht wirklich gereift. Hier auf Deinem Totenbett zeigt sich, was ich schon lange wusste. Du tust mir so leid. Du tust mir unendlich leid. Ich muss dir über den Kopf streichen. Er ist noch warm.

Lieber Gott, denke ich, lieber Gott, er hat sich solche Mühe gegeben. Vergiss bitte alle Vorwürfe, die ich ihm je gemacht habe. Was wissen Töchter schon von ihren Vätern. Er hat manches nicht besser gewusst oder gekonnt. Ach, eines Tages werde auch ich alles Erbarmen brauchen für manches Unheil, das ich angerichtet habe, und für die Fehler, aus denen ich nicht lernen wollte. Lieber Gott, nimm ihn in die Wärme und das Licht und lass ihn ausruhen von den Anstrengungen seines Lebens. Er hat sich solche Mühe gegeben."

Ich aber konnte so einige Mängel in meiner eigenen Entwicklung begreifen. War das alles ein Zufall, oder sollte ich nicht vielmehr durch diesen Mangel getrieben werden, in meinem Leben auch anderen Vater- und Mutterfiguren zu begegnen, als diesen, bei denen ich körperlich geboren war? Wobei unsere Eltern sich alle Mühe gegeben haben, ihre Familie gut und liebevoll zu versorgen und uns Töchtern eine gute Bildung und Ausbildung zu ermöglichen. Diese Gabe, Menschen so schlagartig in bestimmtem Momenten zu erfassen und dieser Wahrnehmung auch zu trauen, war natürlich durch meine therapeutische Tätigkeit gewachsen und überraschte mich doch manches Mal in ihrer Klarheit.

Aber entweder tut man sich ewig leid für irgendeinen Mangel, oder man begibt sich auf die Wanderschaft, in meinem Fall war es eine geistige-seelische Wanderschaft, auf die ich mich begab.

GOTT HEILT

Gott – Göttin,
Schöpferkraft und Licht,
schick einen Engel,
heilen kann ich nicht.

Ich kann die tiefe alte Wunde,
die eitrig ihre Gifte streut,
mit meiner Hände sanfter Kunde
nur öffnen
und dann beten,
dass sie heilt.

Und oft muss mit Geduld ich warten
vor alten Narben, fest und hart,
die eine tiefe Schuld
in sich verborgen halten,
wo Lüge, Angst und Hass
sich paart.

Doch springt die Härte auf
und schleudert uns den Dreck entgegen,
den wir bewahrt und niemals mitgeteilt,
dann helf' ein Engel uns auf neuen Wegen
mit Namen Raphael –
was heißt – Gott heilt!

DIE GLOCKEN

Warum enthält dieses Buch so viele Glocken, sollen sie zum Kirchgang auffordern? Nein. Für mich sind sie wie ein Symbol für meine Gedichte. Sie haben eine Form und sie haben einen einfachen und doch reichhaltigen Klang, und dieser Klang weckt in jedem Hörenden eine andere Welt.

Und so erlebe ich es bisher, wenn ich meine Gedichte vorlese oder verschenke, dass sie in jedem eine andere Welt zum Klingen bringen. Manchmal gibt es auch gar keine Resonanz, so ist eben das Leben. Und darum geht es, um unser Leben. Darum ging es auch in der sehr bewegenden Zeit 1989/90 nach dem Fall der Berliner Mauer, zwei Kilometer von meinem Wohnort im Westen entfernt.

MÄRZ 1990 IN BERLIN

Ich, die ich nun gehofft hatte,
eine Heimat zu finden,
ja, meine Heimat wiederzufinden,
finde sie zerstört,
finde sie verletzt und voller
Traurigkeit.

Ich, die ich die Weite
atmen wollte,
die mit euch die Freiheit
feiern wollte,
finde mich nach erster Freude
dem Misstrauen ausgesetzt.

76

Geld macht mich schon
verdächtig.
Ein Haus zum Ausbeuter,
der Mangel an Auto
spricht wieder für mich.

Eine Erde, die Volkseigentum
geworden ist,
wurde zur Abraumhalde,
Der Acker der Genossenschaft
Einöde,
der Fluss für alle – vergiftet.

Die Menschen, denen
alles gehörte –
missbraucht, bespitzelt.
Wer etwa besser,
wer schlechter,
hüben wie drüben?

Meine Seele weinte,
als sie dort die Heimat
suchte, wo keine Heimat
zu finden ist.

Mein Herz war voller
Trauer, wenn es
den Schmerz des Landes
fühlte,
das meine Heimat ist.
Mein Körper blutet.
Mein Geist tröstet
die weinende Seele
mit Feuer, weißem Licht,
er füllt das schmerzende
Herz mit Zuversicht
und heilt die
blutende Wunde
mit wunderwirkender
Kraft.

Ich halte stand
dem Schmerz,
der Trauer,
den Wunden.
Ich beuge mich nicht
dem Misstrauen,
ich werde nicht
schwach
vor meinem Wunsch
nach Heimat
und unverletzter Erde.

Ich lebe.
Heimat,
Erde,
Mutter,
sie heilen in mir.
Ich bin ein Kind
des Universums,
das seine wahre
Heimat vergessen hatte.

Ich bin ein Gast
auf dieser Erde.
Was ist mein
Gastgeschenk?

DER SINN

Und in der Tiefe unsres Seins
Hab ich sie dann gefunden,
die Stille, die Glückseligkeit,
die mir in bangen Stunden
so oft gefehlt.
Die Ruhe in der Mitte dieses Rades,
das ewig durch das Leben kreist,
die habe ich gesucht
und auch gefunden,
wo nichts mehr ist
und dennoch alles dort entsprungen.

Und auch die Freude fand ich dort
Und das Erbarmen,
denn plötzlich sah ich,
wie wir Armen
Unendlich irrten auf dem Rad.

Ich wollte rufen,
wollte alle in die Mitte ziehn
und wusste schon,
das war noch nicht der Sinn.

Ich muss durch mich
aus dieser Mitte geben lassen,
wofür ein größerer Sinn
mich hat erschaffen.
Ich darf nicht beten, hoffen, bangen,
nur wissen, dass auch du
dorthin gelangen kannst,
wo deine Stimme rein erklingt,
wo Liebe deine Worte singt.
Wo wir vom Denken uns befreit
Und jeden Tag erneut bereit,
mit dem, was wir empfangen haben,
die Durstenden zu laben.
Denn was wir geben,
wird uns ganz erfüllen,
wird uns den Sinn des eignen Lebens
erst enthüllen.

WAS MIR GEGEBEN

Wo kein Du ist,
für das ich lebe,
wo kein Mensch ist,
zu dem ich strebe,
wo kein Halt ist,
an den ich mich lehne,
warum bin ich hier?

Wo keine Quelle ist,
zu der ich gehe,
wo keine Hand ist,
die ich nehme,
wo kein Berg ist,
den ich besteige,
wo kein Mut ist,
den ich beweise,
wo kein Weg ist,
wofür bin ich hier?

Ist es denn wahr,
dass all das schon da ist,
dass all das auch wahr ist,
dass ich darin lebe,
dass ich darin schwebe,
dass alles Du da ist?

Dass ich der Halt bin,
dass in mir der Quell ist,
der Berg und die Wahrheit,
die Liebe, die Klarheit,
dass ich nur blind bin und
sie nicht sehe,
dass ich nicht spüre
die Wärme und Nähe?
Dass ich dafür da bin,
sie zu geben,
sie zu leben.

Mit all meinen Sorgen
denk ich nur an morgen
und seh' nicht die Quelle,
seh' Dunkel statt Helle.

Was mir gegeben,
ist so viel Leben.

DIE VIELFALT

Ich bin wirklich
ganz anders als du.
Könntest du damit
nicht auch einmal
zufrieden sein?

Dich damit zufrieden geben,
dass es keine Gleichheit
gibt im Leben?

Kannst du dich nicht
an der Vielfalt erfreun,
müssen alle dein Ebenbild sein?

Schön ist es,
sich verstanden zu wissen,
vielleicht geliebt,
vielleicht erkannt.
Doch dann
ist auf einmal
das Feuer entflammt,
das dein Leben
von meinem trennt,
das einzig leuchtet in dir –
und das in mir
ganz andere Welten
entbrennt.

Suche nicht,
in meinem Feuer zu sein.
Suche dein Feuer,
dann wird dein Sein
wie meins sein
und doch nur deins sein.
Du wirst mich erkennen,
lass uns brennen.

DIE SANFTEN UND FROMMEN

Und dann sieh sie dir an,
die Sanften, die Frommen,
was sie für kalte Augen bekommen.
Stecknadelkopfklein sind ihre Pupillen
Und dann tobt es dahinter,
doch ganz im Stillen.

Sie morden dich glatt
hinter diesen Augen,
die nur noch
für kalte Rache taugen.

Die Stimmchen sind fein,
lieblich und rein,
„soll niemand drin wohnen,
als Jesus allein."

Ach, würd ihn das grausen,
wie die ihn behausen
in ihren frommen
kleinen, engen Katakomben.

Da geht er doch lieber
in jeden Saustall hinein,
lässt die Sau raus
und lacht ihr hinterdrein.

Und wenn sie sich
dann ausgetobt hat
und weiß, wie es ist
und dann müde heimkehrt
nach all dem Zwist –
ich glaub,
dann nimmt er sie in den Arm
und sagt – komm,
hier ist es ruhig und warm.

Ich weiß, du hast das Leben
ertragen,
hast dich nicht gedrückt,
ging's dir auch an den Kragen.
Hast dich entschieden,
Ja oder Nein,
du bist mir wirklich
ein liebes Schwein.

DIE VERGRABENEN SCHÄTZE

Ich weiß, man hat dich bitter verletzt,
ich weiß, dass niemand dich geschätzt,
als du warst, wie du warst,
doch wie bist du jetzt?

Voll Bitterkeit hast du
die Schätze vergraben,
voll Hochmut hast du
dein Schicksal ertragen,
hast dich voll Zweifel
durch's Leben gehetzt,
so bist du jetzt.

Komm, lass es uns wagen,
dein Leben zu wenden,
die Hetzjagd und den
Hochmut beenden,
die Bitterkeit mit Freude
verjagen,
um endlich uns
an den Schätzen zu laben.

Voll Wärme und Glück,
mit eig'nem Geschick
nimmst du dein Leben
in zärtliche Hände,
lässt dich in deiner Art
erblühn,
wirst dir nun selbst
zur Seite stehn.

Wirst deine Wunden
mit Verzeihen heilen,
wirst nie mehr sinnlos
durch das Leben eilen,
und immer findest
im Innern du Ruh,
dort bist nur du.

HÖRST DU DEN BRUNNEN NICHT?

Hörst du den Brunnen nicht
im dunklen Tann?
Hörst du sein Rauschen nicht,
das leise ruft?
Komm, trink mich, sagt er,
lass mich nicht vergeblich rufen.

Das Wasser deines Leben
will getrunken sein,
will trunken machen

deinen ganzen Leib,
will Leben schenken
deinem ganzen Sein.
Komm, trink mich,
trink Liebe, Leben,
Freude, Lust.

Komm, lass mich nicht
Vergeblich rufen
Im dunklen Tann,
wo deine Quelle dich erquickt,
wo ewig deiner Bäume Wurzeln
sich verzweigen,
wo Fuchs und Rehe
ihre Nahrung finden
und Ruh und Stille
aller Töne Ursprung sind.

Komm, trinke mich –
Und mit mir trinke
Ruhe, Stille, Frieden –
Und trinke auch die Quelle
aller Lust.
Ich bin der Ursprung allen Lebens,
ich rufe stets, dass du mich suchst.

GEBEN STATT NEHMEN

Du suchst die Wärme
und kannst sie nicht nehmen,
du suchst die Liebe
und kannst sie nicht geben.
Ist Wärme dein Feind,
bist du mir nicht Freund?

Der Liebe, der Freundschaft,
der Wärme, dem Licht,
den besten Gaben
traust du nicht.

Versuche es einmal,
sie selber zu geben
und trau dich nur einmal,
dich hinzugeben
dem Strom der Trauer,
der dich durchschießt,
wenn dein Herz
vor Sehnsucht überfließt.

Gib Liebe, gib Freundschaft,
gib Wärme, gib Licht,
willst du sie behalten,
dann hast du sie nicht.
Sieh, was du gibst,
das wird dich ganz erfüllen,
wird dir den Sinn der Sehnsucht
erst enthüllen.

ERMUTIGUNG

Ich kann das dunkle Tal
dir nicht ersparen,
kann auch die ganze Qual,
in der du festgefahren,
nicht für dich tragen.

Ich kann mit dir nur warten,
dass der Erkenntnis Strahlen
bald deine Finsternis durchdringen,
und dass mein Mut und meine Freude
dich auch zurück ins Leben bringen.

Ich will dir gerne davon geben,
mach auf die Tur und lass sie ein,
du wirst auf deinen eignen Wegen
dann auch voll Glück und Freude sein.

DIE FEIGHEIT

Wer Kraft zum Neid hat,
hat auch Kraft zum Leben,
hat Kraft genug,
auch denen abzugeben,
auf die sein Neid ihn stieß.

Nimm doch den Deckel ab
von diesem Topf voll Gift und Galle
und tob dich erst mal richtig aus.
Du denkst, du sitzt in einer Falle,
dann spreng sie doch und komm heraus.

Du selber hältst doch zu die Tür
aus Angst, aus Eitelkeit, aus Gier,
die andern sollten dir das geben,
was du zu brauchen glaubst zum Leben.
Los, komm heraus du feiges Stück
Und stelle dich dem, was dich drückt.

DER NEID

Kann es denn sein,
dass dir der Neid
ganz heimlich
ins Gedärm gekrochen,
dass du dich weit
von dir entfernt,
und dann mit deinem Grimm
auch meinen Frieden
hast gebrochen?

Ich hab es nie gedacht,
dass dieser Spuk in dir
noch solche Macht
entfalten kann.

Doch wirst du's sicher
auch noch lernen,
dass niemals Gleichheit
das Gesetz,
und dass mit deinem Neid
erbärmlich
du dich und mich
zugleich verletzt.

Komm,
lass uns leben, lieben, lachen,
in jedem von uns
steckt die Kraft,
das Leben lebenswert
zu machen,
und auch das Licht,
das Freude schafft.

DIE MASKE

Mach dein Herz nicht kalt,
mach dein Gesicht nicht alt,
lass die Maske fallen,
die du uns allen zeigst.

Macht er Schlag deines
Herzens dir Angst,
weil du bei seinem Klopfen
bangst um das,
was du mühsam
aufgebaut hast?

Lass es fallen,
es gefällt
doch nicht allen.
Wer dich liebt,
sieht –
dich hinter allem.
Ängstlich und klein
hockst du allein,
suchst zu gefallen.
Sei ruhig klein,
brauchst nicht
ängstlich zu sein.

Hab Mut zu allem,
was das Leben dir gibt.

Denn es gibt dir alles,
was du zum Leben brauchst,
wenn du es dankbar annimmst
und nicht auf deine Ansprüche pochst.
Wenn ohne Angst und mit Geduld
du auf die innere Stimme horchst,
dann wirst du voller Freude
und mit Bescheidenheit
die Maske fallen lassen,
und auch das starre innre Kleid,
mit dem du fast dich schon erdrückt,
an den du beinahe erstickt.

Sieh, hinter deinem Stolz ist Angst
und hinter deiner Starrheit
bangst du, ob du auch recht getan.
Komm, sieh dich in dem Spiegel an,
wie schön du bist,
wenn du der Freude dich ergibst.
Denk immer dran,
dafür bist du gemacht.
Ich rufe dich, wenn du's vergisst.

GESPENSTER

Leg deinen Kopf in meine Hände
und fühle aller Schmerzen Ende,
lass alle Kämpfe vor der Tür,
Gespenster fürchten sich vor mir.

Gespenster sind aus Angst gewoben,
komm, lach mit mir,
schon sind sie zerstoben.

Hör auf damit, auf and're zu fluchen,
beginne lieber, bei dir zu suchen,
wie du es dieses Mal geschafft,
dass du dich so in Wut gebracht.

Und dann nimm die Wut
und sieh sie dir an,
was man mit dieser Kraft
alles machen kann.

Statt gegen dicke Mauern zu rennen
und elend vor Selbstmitleid zu flennen,
könntest du längst
etwas Neues anfangen,

etwas, wovor du mit leisem Bangen
dich drückst,
weil du Angst hast,
dass Du nicht genügst.

Doch wie soll das Neue gelingen,
wenn du zögerst zu beginnen.
Begib dich mit aller Kraft hinein,
dann wirst du voll Hingabe
glücklich sein.

Der Spuk aus Angst und Wut
ist zu Ende,
die Lebenskraft
sprengt schließlich die Wände.

DER GRÖSSENWAHN

Du trägst in deinem Herzen
viele Schmerzen.
Du magst dich nicht entscheiden,
niemand soll leiden.
Doch so entscheidest du dich
gegen dich.
Dein scheinbar gutes Streben
Zerstört dein Leben.

Und was ist mit den Andern
die so bequem
auf deine Kosten
durch das Leben wandern?
Auch ihnen hast zum Leben
du keine Kraft gegeben.
Hast ihnen gar nichts zugetraut,
hast sie dir gar nicht angeschaut.

Du wolltest immer gut sein
Und erntest nur den hohlen Schein,
den aufgeblähten Größenwahn,
sieh ihn dir an.

DIE EITELKEIT

Warum verlangst du denn von mir,
dass ich dich immer liebe?
Am Tag, als dich die Eitelkeit verführt,
verdientest du doch Hiebe.
Wenn du so stolz und dumm,
dann bleib ich lieber stumm.
Ich wend mich ab
und trotzdem lieb ich dich,
dort, wo ich mich auch liebe.
Ganz innen, wo es stille ist,
wo wir noch nicht auf Ruhm erpicht,
wo wir wie Kinder spielen.,

Dort komm doch hin,
dann wirst du spüren,
dass wirklich Liebe in uns ist,
in dir, in mir,
genug, ein jedes Herz
bis an den Rand zu füllen,
wenn es sich diesem Strom ergibt
und wenn es dieses Leben liebt,
dann kehrt die Freude bei uns ein,
lacht über jeden äußern Schein.
Öffne dein Herz der Liebe,
die Eitelkeit verdient nur Hiebe.

DER EHRGEIZ

Sag, hältst du mich für dumm,
weil ich manchmal stumm,
oder für feige,
weil ich schweige?
Kannst du in meinem Schweigen
nichts hören,
lässt du dich von der Stille
nie stören
in deinem lauten Treiben?

Ich bin wohl stumm,
aber nicht dumm,
ich höre, wie du um dich kreist,
auch wenn du schweigst.
Ich seh', wie du dich wichtig nimmst
und Stuf um Stufe höher klimmst
im Turm, den dir der Ehrgeiz baut.
Mir graut.

Mir graut vor deiner Schwindelhöhe,
vor all dem Krach und dem Getöse,
mit dem du dich umgibst
und sagst, du tust das alles,
weil du mich liebst.

BIN ICH EIN MONSTER?

Ich bin keine Hängematte,
in die du dich legen kannst,
kein Schaukelstuhl
und kein Plätzchen
hinter dem Ofen.
Ich habe Abgründe,
in die du stürzen kannst,
Klippen, von denen du fällst.
Steine, um sie nach dir zu werfen.
Ich habe Ungeduld und Zorn
und keine Scham, die Dinge
beim Namen zu nennen,
die du als Schutzschild trägst.

Aber dann, wenn du
schließlich auf eigenen Füßen
neben mir stehst,
ohne Schuld und ohne Scham,
dann suchen wir uns
eine Hängematte,
einen Schaukelstuhl,
ein Plätzchen zum Tanzen
auf einem vulkanischen Ofen,
und dann, dann lassen wir
uns leben.

DER ENGEL SPRICHT

Manchmal ist
das tiefste Tal
das Tor zur Ewigkeit.
Manchmal war
es uns nicht klar,
wie sehr wir schon bereit,
auf eignem Weg zu schreiten.

Manchmal türmen
Schmerzen sich
um unser Jammertal,
versprechen schwere
Tage nur und Schuld
und Angst und Qual.

Vorwärts stell dich,
mach dich auf,
durch Schuld
und Angst und Qual.
Die Taten räumen frei
den Weg aus diesem
Jammertal.

Geh weiter, weinend,
fürcht dich nicht,
vor keinem kleinen Schritt,
denn jedes
Ja zum Leben,
das spricht dein Engel mit.

NIE MEHR

Nie mehr
Werde ich mich
hängen lassen
an den Beinen,
höre mich
in allen meinen Tränen
noch verzweifelt weinen
über diese barsche Macht,
die mich
aus des Schoßes Träumen
voller Kälte
in die Welt gebracht.

Kinder
hält man an den Beinen,
kräftig dann noch
auf den Po geklatscht,
horch, die Stimme
kann schon kräftig schreien,
nur nicht zimperlich,
das wäre ja gelacht.

Vierzig Jahre
Hatt' ich Schmerzen
In den Beinen,
vierzig Jahre habe ich
darob gelacht,
eine stille Stunde
brachte mich zum Weinen,
und ich wusste,
was auch ich
mit mir gemacht.

Seitdem trage ich
ganz im Geheimen
mich als Kind
mit mir herum,
streichle es am Kopf
und an den Beinen,
vierzig Jahr
machten aber leider
Kopf und Herz und Beine
ganz schön dumm.

SO VIEL NEIN IN DEINEM LEBEN

So viel Nein in deinem Leben,
so viel kann nicht, will ich nicht,
wirst so niemals das verstehen,
was aus deinem Innern spricht.

So viel mag nicht, trau mich nicht,
so viel Trotz und Angst und Wut,
komm und sei in deinem Leben
dir doch einmal selber gut.
Kannst dann tief nach innen wandern,
findest deine eigne Welt,
bist doch niemals wie die andern,
sag mir, ob dir's da gefällt.

Sag mir, ob in deinem Innern
Klarheit, Wahrheit, Liebe spricht,
lass die Stimme nicht verkümmern,
horchst du nicht, dann spricht sie nicht.

Angst und Wut und böse Träume,
sie versinken in der Nacht,
wenn du dich trotz aller Ängste
auf den eignen Weg gemacht.

DAS NEUGEBORENE

Hüte das Kind!
Pscht, sei leise
und sei auch weise.
Gib ihm nur Klares
und Reines.
Gib ihm Dein Lächeln,
die Farben, den Wind.
Gib ihm die Ruhe,
die Kraft und das Feuer.
Gib ihm das Wasser,
die Lust und die Freude.
Gib ihm den Tanz,
doch nicht zu geschwind.
Pscht, sei leise
Und sei auch weise
Und hüte das Kind!

UNSERE TRÄNEN

Das sind unsre besten Tränen,
die wir nicht um eigne Leiden
weinen –
und die unser Herz bereiten
für die wahren Liebesfreuden.
Die so tief gefüllt sind
mit Erbarmen,
dass wir alles öffnen,
um den Armen
Trost und Halt
und Mut
zu geben.
Die uns zärtlich
fremde Hände fassen lassen,
still nur neben ihnen stehn,
bis wir in den
kummervollen Augen wieder
Hoffnungssterne
funkeln sehn.

FÜRCHTE DICH NICHT

Und dann gehe ich
immer tiefer in mich hinein.
Ich fürchte mich nicht,
bin ich auch allein.
Ich lasse den Ärger fallen,
die Wünsche, die Sorgen,
ich verschiebe sie unbedenklich
auf morgen,
bis hinter allen Wunden
ich schließlich doch
den Ort gefunden,
an dem mein Herz
mit deinem vereint,
an dem in ewiger Stille
mir ein Feuer scheint,
das den Kelch in mir
mit Liebe füllt,
mit Geduld und Ruhe
bis er vor Freude
überquillt
und eine innere Stimme spricht:
„Fürchte dich nicht,
du sollst in diesem Leben
Liebe und Freude geben"

DIE WUT

Manchmal packt mich die Wut,
dann hab ich wirklich genug
und ich sag, hau ab aus meinem Leben,
ich kann dir nichts mehr geben.

Und dann kommt mir
der herrliche Verdacht,
das hast du endlich
richtig gemacht.
Da wollte jemand
ja das gar nicht haben,
was du zu geben hast
an deinen Gaben.

Er lebt in einer völlig anderen Welt,
die jede Freude gleich
mit Bitterkeit vergällt.
Er darf das tun, der Mensch ist frei,
er darf die Sorgen und
das Selbstmitleid vermehren,
statt Lachen Neid und
Schuldgefühle nähren,

doch nicht bei mir,
auch nicht gestärkt durch meine Kraft.
Ein Mensch, der nie in sich
den Ursprung sieht für all sein Leiden,
dem helf auch ich nicht mehr
mit meinen Freuden.

WENN ICH MICH IN DEINE HÄNDE GEBE

Wenn ich mich in deine Hände gebe,
bin ich immer auf der Hut,
denn ich weiß es nur zu gut,
dass dort Dornenhecken wachsen,
die mit ihren spitzen Stacheln
dich vor meinen Wünschen
schützen sollen.
Aber einmal muss doch
dieser Stein ins Rollen kommen,
der in tiefstem Grabesdunkel
deine Wünsche mir verschließt.
Könntest du dich doch nur einmal
meiner tiefsten Not erbarmen,
glaubst du nicht, dass dann auch deine Not
dich auf einmal aus den Klauen ließe?

Kannst du meine Not ertragen,
öffne ich auch deiner gern mein Herz.
Glaub mir, nichts ist schwerer zu befragen,
als ein alter längst vergessner Schmerz.
Aber wenn wir einmal doch die Waffen strecken,
einmal uns begegnen nackt und warm –
meinst du nicht, ein jeder von uns nähme
doch den andern gern in seinen Arm?

AN MEINEN MANN

Ich will nicht nur
Die guten Tage mit dir teilen,
will auch an schlechten Tagen
bei dir weilen,
will Mut und Zuversicht
dir spenden
und dir mit meinen Händen
behutsam Wärme geben.

Wenn ich sie geben darf,
dann lebt sie erst in mir,
wärmt dich und mich zugleich
und öffnet uns die Tür,
beim Geben zu empfangen
und dorthin zu gelangen,
wo Geben und Nehmen
eins sind,
wo wir mit aller Kraft
und doch auch wie ein Kind
uns diesem Strom ergeben,
der da heißt Leben.

UND DASS ES SOLCHE STUNDEN GIBT

Und dass es solche Stunden gibt,
vom Goldnetz fein umsponnen,
die einmal kaum geahnt,
schon wieder fortgetragen
mein Herz ins schrankenlose Du.

Und dass es solche Stunden gibt,
die um nichts wissen,
als von dir geschenktes Glück,
die endlos in sich selbst erfüllt
nur stilles Atmen.

FRIEDEN

Du hattest deinen Zauberwald
den bösen Feen überlassen,
sie kamen in der Truggestalt
verliebter Frau'n
und fingen bald an,
dich zu hassen.
Auch wir, als wir uns trafen,
war'n voller Hass
und vom Erlebten blind und taub,
doch wenn wir schlugen,
saßen die Hiebe gut
und maßten sich auch
ein gutes Recht noch an.

Bis eines Tages
ich die Waffen streckte
und dich um Frieden bat
für alle Zeit.
Dein letzter Schlag,
der mich zu Tod erschreckte,
traf in ein eben
weit geöffnet Herzeleid.

Seit diesem Tag
könn' wir zusammen lachen,
über uns selbst,
manchmal auch weinen wir.
Doch niemals wieder klappte
sie zu die Tür von dir zu mir.

Wir machen unsre Fehler
nicht mehr im Geheimen
und halten uns an keiner
Stelle mehr bedeckt.
Nur manchmal halten wir
so einen kleinen, klitzkleinen Pfeil
in einem Eckchen
noch versteckt.

ÜBER DAS ABSCHIEDNEHMEN

Am 13. August 1993 starb mein Mann Volker mit 73 Jahren nach einem Herzinfarkt innerhalb von 12 Stunden.

Ich erzähle hier von ihm, weil ich so viel von und bei ihm gelernt habe, was mein Selbstvertrauen unglaublich stärkte. Das ging nicht ohne Schrammen ab, aber es mündete in eine Ehe, die auch vielen, die uns kannten oder kennenlernten, wieder den „Glauben an die Ehe", wie es ein Freund formulierte, wiedergab.

Die Tage nach seinem plötzlichen Tod waren zunächst angefüllt mit einigen Regelungen, die unsere Bürokratie erfordert. Und mit Besuchern, die mich in den Arm nehmen wollten. Dann folgten ganz stille Sommertage, aber sie waren voller Schmerz.

Am Tag der Beerdigung hatte der befreundete Theologe an den Anfang seiner Rede eine Passage von Dietrich Bonhoeffer gesetzt über den Verlust eines geliebten Menschen. Diese Worte berührten mich tief und gaben mir Trost und ließen mich nicht vergeblich auf ein Ende des tiefen Schmerzes hoffen, sondern ihn annehmen. Ich habe sie schon oft weitergegeben. Denn natürlich wünschen alle, dass der Schmerz bald vorübergehen möge, aber lesen Sie selbst, welches Geschenk ich durch diese Worte damals bekommen habe.

ABSCHIED VON MEINEM MANN

Ich begrüße Dich, Euch, Sie alle zu unserer Abschiedsfeier. Sie wird vielleicht im Ton vom Üblichen abweichen. Aber Volker Stodieck war eben auch ein ganz außergewöhnlicher Mensch! Wir wollten versuchen, diese halbe Stunde so zu gestalten, dass auch er es hätte ganz bejahen können.

Insofern lag es nahe, keinen kirchlichen Rahmen zu wählen. Er war kein Gegner der Kirche – im Gegenteil: Sie galt ihm als Hüterin der notwendigen Moral! Und wenn heute so viele aus ihr austreten, dann wollte er gerade drin bleiben. Dennoch: Das Dogmatisch-Christliche war seine Sache nicht. Er war in einem tieferen nicht konfessionellen Sinn religiös. Nämlich von Ehrfurcht vor dem Heiligen in der Natur und dem Leben geprägt. Das wollte er nicht zerredet wissen, eher schweigend verehren – und entsprechend handeln. Denn gerade das angemessene Handeln war ihm ganz wichtig. Mochten seine Worte manchmal nicht ganz zu durchschauen sein und den einen oder anderen irritieren, in seinem liebevollen Tun war er immer ganz eindeutig!

Wenn ich nun einige Sätze eines – man könnte sagen – modernen Kirchenvaters lese, dann tue ich dies trotzdem mit gutem Gewissen. denn ich glaube nicht, dass ich ihm damit zu nahe trete, ihn im Nachhinein für etwas ihm Fremdes vereinnahme. Es soll auch in erster Linie Dir, Renate, und uns gelten.

Dietrich Bonhoeffer schreibt mitten im Krieg, zu Weihnachten 1943: Es gibt nichts, was uns die Abwesenheit eines lieben Menschen ersetzen kann und man soll das auch gar nicht versuchen, man muss einfach aushalten und durchhalten; das klingt zunächst sehr hart, aber es ist doch zugleich ein großer Trost; denn, indem die Lücke wirklich unausgefüllt bleibt, bleibt man durch sie miteinander verbunden. Es ist verkehrt, wenn man sagt, Gott füllt die Lücke aus, er füllt sie gar nicht aus, sondern er hält sie vielmehr gerade unausgefüllt und hilft uns dadurch, unsere alte Gemeinschaft miteinander – wenn auch unter Schmerzen – zu bewahren. Je schöner und voller die Erinnerungen, desto schwerer ist die Trennung. Aber die Dankbarkeit verwandelt die Qual der Erinnerung in eine stille Freude. Man trägt das vergangene Schöne nicht wie einen Stachel, sondern wie ein kostbares Geschenk mit sich. Man muss sich hüten, in den Erinnerungen zu wühlen, sich ihnen auszuliefern, wie man auch ein kostbares Geschenk nicht immerzu betrachtet, sondern nur zu besonderen Stunden und es sonst nur wie einen verborgenen Schatz, dessen man gewiss ist, besitzt; dann geht eine dauernde Freude und Kraft von dem Vergangenen aus.

Wir sind dankbar, dass es ihn gegeben hat, dass wir ihn gekannt haben, dass wir auf vielfältige Weise mit ihm verbunden waren. Manchem von uns wird das erst jetzt richtig bewusst werden. Aber die meisten unter uns wussten schon immer, dass Volker Stodieck eine Potenz war, mit der man rechnen musste. Ein Mann, der immer eigenständig dachte und handelte und das auch bei uns anregte und forderte, oder auch mit Heftigkeit wachrütteln wollte. Er respektierte nur Wahrhaftiges, Engagiertes, Liebevolles und Schönes.

Und er forderte mehr: „Nun zeig doch mal, was in Dir steckt." Seine Frau Renate nannte ihn lächelnd den Oberlehrer, was ihm gar nicht behagte. Aber tatsächlich suchte er hinter der vitalen und scherzenden Fassade nach dem Stein der Weisen: Er träumte davon, dass aus Herdentieren und verführbaren Massen Menschen würden, die eine Bereicherung für die Erde und füreinander wären.

Er träumte von der verwandelnden Kraft von Liebe, Schönheit und prüfendem Verstand, die sich im Kunstwerk und in der Kultivierung der Natur ausdrückten. Er fürchtete das Chaos und die Dummheit und Verführbarkeit der Menschen. Er litt bis zum letzten Tag Qualen beim Gedanken an die Kesselschlachten 1945 zwischen der Oder und Berlin. Seine liebsten Freunde sind dort verschollen, weil unselige Befehlshaber einen längst verlorenen Krieg nicht aufgegeben und nicht kapituliert hatten. Er litt viele Qualen um die Erde und die Menschen!

Er wusste nicht, wie reich er war an Kreativität und Liebe. Vieles hat er in sich verquält und zergrübelt. Er wusste auch nicht, wie reich er uns alle beschenkt hat. – Er tat es trotzdem. – Er war nie stolz auf sich.

Britisches Understatement und die skeptische Ironie des Berliners waren seine Tugenden. Sein verehrter Maler war Edgar Degas, sein liebster Dichter Joachim Ringelnatz und sein bevorzugter Musiker Louis Armstrong.

Wir alle konnten seinem Garten ansehen, wie dort eine blühende Welt entstand, die nur Liebe ausstrahlte. Umhüllt und getragen von der Liebe seiner Frau, gab er dieser Liebe sichtbaren Ausdruck in seinen Bildern, in seinem Haus, in seinem Garten und in seiner herzlichen und herzhaften Beziehung zu uns allen. Aber dies war ein Wesenszug, der sein ganzes Leben prägte, nicht nur sein Alterswerk.

Und sicher hinterließ er auch manche Schleifspuren – wie ein Freund es einmal ausdrückte. Er konnte unbarmherzig und kränkend sein, wo er Schummel witterte. Wo Modisches, Gängiges oder Ideologisches ihm zu nahe rückte, da schlug er zu, besonders, wenn man dafür auch noch seine Bewunderung haben wollte. Aber sonst ließ er uns gewähren. Man musste ihn nicht dauernd sehen, aber jede Begegnung war einprägsam.

Er wollte Schönheit hinterlassen, die Bestand hatte, und er hoffte, dass jeder von uns sich an einen guten Witz von ihm erinnerte. Er wollte nicht unbemerkt diese Erde wieder verlassen. Jeder, der ihm je begegnete, wird bestätigen, dass ihm das gelungen ist.

Wenn wir nun, was sterblich und vergänglich an ihm war, seinen Körper, beerdigen, so entspricht das seinem Wunsch. Sein Körper sollte der Verwandlungskraft der Erde wiedergegeben werden. Und auch die Kiste als Sarg nach Western-Art, wird jedem, der ihn und seine Liebe zum guten alten Western kannte, ein Lächeln entlocken.

DIE ZEIT

In unserem Blumengarten
begrüßen mich jeden Tag
die bunt gemischten
wunderlich zarten Blüten,
die deine Liebe mir gab.

Winters ducken sie sich
im Frost,
schützend der Schnee,
doch beim ersten Sonnstrahl
sprosst
alles für dich und mich.
Grünt im Blätterkleid,
blüht zu seiner Zeit
und so auch wir.

NICHTS HAT BESTAND

Nichts hat Bestand.
Nur diese Stille
in dir,
die Quelle,
die bleibt dir ewig –
jetzt und hier.

Alles ist Tand.
Was du erworben,
was dir gestorben,
nichts hat Bestand,
als nur das eine
unendlich kleine
Einssein
in dir.

Und kommt der Tod,
gibt's nichts zu erben,
alles muss sterben,
nur du nicht
in mir.

DEMUT

Komm, lass uns schweigen,
lass uns den Kopf in Demut neigen,
vor dem Wunder,
das in uns geschieht.
Wie nach vielen verzweifelten Tagen
In uns doch noch
Die Liebe erblüht,
wie jeden Tag
das Herz erglüht
und sich dem Strom ergibt,
der Freude heißt.
Und doch können wir jetzt
den Kopf auch aufrecht tragen,
weil wir uns ohne Fragen
der Liebe ergeben,
die in uns lebt
und die uns
goldene Brücken webt.
Komm, lass uns schweigen
und den Kopf in Demut neigen
vor dem Wunder,
das in uns geschieht.

TIEFER ALS DAS SCHWEIGEN

Kann es denn Worte geben,
die tiefer gehen
als das Schweigen,
kann es denn Nähe geben,
die alles weiß,
auch, was wir leiden?

Kannst in der fernsten Ferne
du so nah mir sein,
liegt in der Seele Qualen
der Keim zum Glück allein?

Und so steh ich vor dir,
seh mich in dir,
hör dich aus mir
Wort ist nicht hier.

Wenn wir uns wieder
die Hände reichen,
muss jedes Wort
mehr sagen
als die Stille.

Wenn unsere Augen
sich wieder erschauen,
muss jeder Blick
mehr sehen
als das geliebte Bild.

Wir werden hören,
was wir nie gesagt haben.
Wir werden sehen,
was wir nie gewagt haben.

Wir werden lieben,
wie wir nie gelebt haben.
Wir werden sein,
was in uns nur
scheinbar war.

MEINE BIRKE UND ICH

Meiner Birke einz'ger Kummer
ist, dass ich mein Herz nicht öffne,
wenn aus ihr das Leben sprießt,
und dass ich sie gar nicht sehe,
wenn mein Sinn voll Trübsal ist.

Birke, liebe, heute komm ich
und umarme deinen Stamm,
gibst mir Kraft für viele Stunden,
und voll Freude werd ich dann
an das leise Rascheln denken,
wenn der Wind die Blätter streift,
an dein zartes leichtes Tanzen,
das mit weicher Macht mich greift.

Birke, heute bin ich offen
aller Schönheit, die du schenkst,
und ich weiß, dass du an vielen
trüben Tagen an mich denkst.
Kannst nicht kommen zu umarmen,
trösten, streicheln, zärtlich sein,
musst an deinem Platz still warten,
ob dich jemand lässt hinein.
Kannst nur immer stehn und wissen,
Birke sein, das ist dein Sinn.

Liebe Birke, heute öffne
ich dir leicht und gern mein Herz,
und dein frohes Birkenleben
treibt aus mir hinaus den Schmerz.
Lass die zarten Zweige hängen
bis hinunter in mein Haar,
denn grad heute bringe endlich
ich dir meine Liebe dar.
Fühle deine Baumesfreuden,
deinen Kummer, deine Lust,
und auch du weißt endlich offen
meinen Sinn und meine Brust.

In dir ström ich mit den Säften
bis ins feinste Astgezweig,
in dir tanz ich in der Sonne,
bin zum Blühen schon bereit.
Streue, wenn die Zeit gekommen,
alle Samen in den Wind,
weiß, aus einigen wird wachsen
ein bezaubernd Birkenkind.

HINGABE

Wie konnte ich glauben,
dass es mich nicht auch
verwandeln würde?
Der Weg zu dir,
der Strom in die
Essenz,
die deine ist
und meine wurde,
die meine ist
und deine ward.
Wie kann ich noch
zweifeln an dir oder mir,
Hingabe will auch
gelebt sein –
zwischen dir und mir
und dem Kosmos.

Wer hat sie noch nie kennengelernt, die Furcht vor inhaltsleeren Festen, Begegnungen mit Menschen, denen man lieber aus dem Weg geht, formales Gerede und Missverständnisse – besonders zu Weihnachten. Wir haben seit vielen Jahren die Gelegenheit ergriffen, uns kleine Geschichten oder Gedichte vorzulesen, statt einander zu langweilen, um es deutlich zu sagen. Was dazu den Anstoß gab, steht in der nächsten Geschichte. Viel Spaß beim Nachmachen!

WEIHNACHTEN FEIERN IN BESONDERER ART

An Weihnachten beleben wir in meiner Familie gern eine Idee, die vor Jahren entstand, als es einmal einen besonderen Geburtstag zu feiern gab. Ich wollte damals viele verschiedene Gäste aus meinem privaten und beruflichen Umfeld gemeinsam einladen. Alt und Jung, Stadt und Land und viele darunter, die einander nicht kannten.

Da sechs Wochen zuvor mein Mann gestorben war, wollte ich meiner Familie und meinen Freunden signalisieren, dass ich trotz des tiefen Schmerzes und der Trauer gewillt war, den Blick mit ihnen gemeinsam nach vorn zu richten. Also verfasste ich eine entsprechende Einladung.

„Bitte stürzt Euch nicht in materielle Unkosten, bringt auch keinen Kuchen mit, sondern: redet, dichtet, erzählt Geschichten, tragt Fundstücke aus der Literatur vor, singt, tanzt, blast in alle möglichen Instrumente, spielt Klavier, oder was Euch sonst noch einfällt… Danach gibt es etwas für's leibliche Wohl und Schluss ist, wenn es langweilig wird."

Dieser Aufforderung konnte niemand widerstehen und alle wussten, dass wir nicht gemeinsam traurig und beklommen herumsitzen würden. So füllte sich das Haus an dem besagten Geburtstag mit vielen Gästen. Der begnadete Trompeter aus meiner Nachbarschaft eröffnete das Fest noch vor der Haustür mit dem Choral: Lobe den Herren. Er „sang" – auf seiner Trompete blasend – drei Strophen. Wer den Text kannte, konnte ihn innerlich sprechen hören und wiedererkennen.

Einige waren etwas aufgeregt, im großen Kreis ihr „Geschenk" auch vorzutragen, aber als allmählich Schwung in die Sache kam, war jeder eher begierig, doch auch in die private Schatzkiste zu greifen.

DER GRIFF IN DIE SCHATZKISTEN

Und wie der Griff in eine Schatzkiste fühlte sich die Begegnung schließlich auch an, hatten doch alle eine individuelle Wahl getroffen. Das begann mit dem Gedicht von 1944 von dem verehrten Dietrich Bonhoeffer, das mit dem folgenden Vers endet:

> Von guten Mächten wunderbar geborgen,
> erwarten wir getrost, was kommen mag.
> Gott ist bei uns am Abend und am Morgen
> und ganz gewiss an jedem neuen Tag.

> Es ging weiter mit den selbstverfassten Versen
> eines 10-Jährigen:

> „Nun sitze ich hier mit Verdruss
> und muss tun, was ein Junge tuen muss.
> Ich schreibe für dich ein Gedicht,
> aber wie das endet,
> weiß ich jetzt noch nicht."

Italo Calvino wurde ebenso vorgelesen wie ein Gedicht von meinem geliebten Ringelnatz. Herrmann Hesse kam zu Wort ebenso wie Wilhelm
Busch, und etwas frech ließ der sagen: „Dumme Gedanken hat jeder –
nur der Weise verschweigt sie."
Selbstverfasste Reden beleuchteten bewegende Reminiszenzen an
vergangene Zeiten und endeten mit ermutigenden Sprüchen für die
Zukunft, wie mit dem von Groucho Marx aus den Zeiten, als die Bilder
laufen lernten:

„Es ist ein guter Gedanke, das Leben nicht zu leben, nur um anderen zu gefallen. Man gefällt sich selbst nicht und am Ende gefällt man niemandem mehr. Aber wenn man sich selbst gefällt, gefällt man vielleicht noch jemand anderem."

Was mich besonders bewegte, war die Entdeckung, dass in diesen Textpassagen sich Freunde und Familienmitglieder von Seiten zeigten, die sonst nicht für jedermann sichtbar waren, auch für mich bisher nicht. Humorvoll oder tiefsinnig, treffsicher oder ironisch, zärtlich und liebevoll leuchteten sie auf.

Auch im Anschluss an den fast offiziellen Teil wurden die Gespräche intensiv und persönlich, heiter und lebendig. Viele hatten tagelang ihre Bücherschränke durchforstet, keine Zeit mehr zum Fernsehen gefunden und fühlten sich selbst auch reich beschenkt.

Eine Mappe bewahrt seitdem nicht nur die Texte dieses Tages auf, sondern auch noch die vieler weiterer Begegnungen.

ZUM WEITERGEBEN

Als diese Idee entstand, dass wir einander Texte schenken, bekam ich von meiner Freundin Gudrun einen sehr ermutigenden Text, den ich hier gerne weitergebe an alle, die auch einmal seiner bedürfen.

Du bebautest Dir ein Fleckchen Erde
Pflanztest Deinen Witz
Und Deinen Humor
Dein Lachen
Deine Tränen
Deinen Frohsinn
Deine Traurigkeit
Und einen Baum
Sätest Deine Stille,
Dein Schweigen
Deinen Idealismus
Deine Ideen
Deine Verrücktheiten

Du verschenktest Deine Liebe
Und einfache Blumen
Aus dem Garten Deiner Lebensfreude
Du erntetest.

In Dunkelheit
In schweren Zeiten
Hast Du liebe Freunde,
die Dich begleiten,
auch wenn Du die Schritte
allein gehen musst.

In der Bewegung unseres Lebens
Und zu gegebener Zeit habe Mut
Und
Wage zu träumen
Von Dir
Und von dem, was Du noch nicht bist
Wage zu träumen
Von Dir
Und von dem, was Du Dir noch erfüllen willst.
Wage zu träumen
von Dir
und Deinen noch nicht gelebten Möglichkeiten
Wage zu träumen
Von Dir
Und Deinem inneren Reichtum
Und beim Erwachen!
Ich bin sehr gespannt! Du auch?

AN MEINE KINDER

Ich konnt' euch nicht
genügend Wärme geben,
ich wusste gar nicht,
was das ist,
ich hatte ja doch auch
in meinem Leben
die Wärme
allzu oft vermisst.

Ach nein, vermisst,
das trifft es nicht,
ich wusste ja nicht einmal,
wo der Mangel war.
Unglücklich war ich,
einsam, doch darüber
kalt und starr.

Und so versuchte ich,
euch doch zu lieben
und ahnte nicht,
wann Liebe glückt.
Mit meinen Sorgen
hab ich übertrieben,
mit meinem Kummer
hab ich euch erdrückt.

Verzeiht mir,
dieses hab ich nicht gewollt
und hab es nicht gewusst,
dass mir statt eines warmen Herzens
ein Stein lag in der harten Brust.

Doch fühl ich nun
die eigne Angst,
die Schmerzen,
die er verbarg
dem furchtsamen Gemüt,
ich hoffe,
dass aus dem geschund'nen Herzen
euch nur noch Lust
und Freud entgegenblüht.

Ich will euch nur noch
mut'ge Strahlen senden
und beten, dass,
was mir geschieht,
auch euer Leben
mag zum Guten wenden,
dass auch in euch
die Wärme
und das Leben siegt.

AN EINEN FREUND

Die Zartheit in dir,
das Schlanke,
das, was dich verwundert
nach innen horchen lässt.
Das, was nach der Angst,
den Schweißperlen,
dem Weglaufenwollen
in dir erwacht.

Die Schwingung
der Saite auf deinem
inneren Instrument,
die nur von der Mitte
ihren Ton erhält,
ihren wahren Ton.

Das ist es, was dich
erschreckt und entzückt,
diese Saite, die dir
so viel Schmerz bereitete,
weil sie nicht klingen durfte,

die man so leicht
übertönen kann,
weil sie ihre Wurzel
in der Stille hat –
sie ist nicht gerissen,
sie ist nicht zerstört,
wehmütig klingt sie
hinter all deinen Wünschen,
deiner Suche nach Stille,
deiner Angst davor.

Sie ist dein wahres Leben.
Wenn du sie
singen lassen kannst,
wird sie dich führen.
Wie der Ton der Zauberflöte,
zart und sicher.
Ein Ton, aus dem
alle Töne erwachsen,
Ruhe, aus der Bewegung wird.
Im Innern unendliche Freude.

In meinem Unterricht zur Stimmbildung und Persönlichkeitsentfaltung lasse ich gern meine Lieblingstexte lesen, wie diese vier Folgenden:

VOM STEIN DER JUGEND BEI DER GROSSEN EICHE

Die Jugend ist nicht ein Abschnitt des Lebens,
sie ist ein Zustand der Seele,
der in einer bestimmten Form des Willens besteht,
in einer Bereitschaft zur Phantasie,
in einer gefühlsmäßigen Kraft,
in einem Überwiegen des Mutes über die Zaghaftigkeit,
und der Abenteuerlust über die Liebe zur Bequemlichkeit.

Man wird nicht alt, wegen der einfachen Tatsache,
dass man eine bestimmte Zahl von Jahren gelebt hat,
sondern nur, wenn man sein eigenes Ideal aufgibt.
Wenn die Jahre ihre Spuren auf den Körper zeichnen,
so zeichnet der Verzicht auf die Begeisterung
sie auf die Seele.

Der Abscheu, der Zweifel, das Fehlen von Sicherheit,
die Furcht und das Misstrauen,
sind lange Jahre, die das Haupt beugen
und den Geist zum Tode führen.

Jung sein bedeutet, mit sechzig oder siebzig Jahren
die Liebe zum Wunderbaren bewahren,
das Erstaunen für die leuchtenden Dinge
und die strahlenden Gedanken:
den kühnen Glauben,
den man den Ereignissen entgegenbringt,
den unmittelbaren Wunsch des Kindes für alles,
was neu ist,
den Sinn für die angenehme und fröhliche Seite
des Daseins.

Ihr werdet so lange jung sein, wie euer Herz die Botschaft
der Schönheit, der Kühnheit und des Mutes
aufnehmen wird,
die Botschaft der Größe und der Stärke,
die euch von der Welt, von einem Menschen,
oder von der Unendlichkeit geschenkt werden.

Wenn alle Fasern eures Herzens zerrissen sein werden,
und wenn sich auf ihnen der Schnee des Pessimismus
und das Eis des Zynismus gehäuft haben werden,
erst dann werdet ihr alt sein,
und dann möge Gott sich eurer Seele erbarmen.

Inschrift im Parco Giordano Sigurta bei Verona

ICH LOBE DEN TANZ

Ich lobe den Tanz
denn er befreit den Menschen
von der Schwere der Dinge
bindet den Vereinzelten
an die Gemeinschaft.

Ich lobe den Tanz
der alles fordert und fördert
Gesundheit und klaren Geist
und eine beschwingte Seele.

Tanz ist Verwandlung
des Raumes, der Zeit, des Menschen
der dauernd in Gefahr ist
zu zerfallen ganz Hirn
Wille oder Gefühl zu werden

Der Tanz dagegen fordert
den ganzen Menschen
der in seiner Mitte verankert ist
der nicht besessen ist
von der Begehrlichkeit
nach Menschen und Dingen
und von der Dämonie
der Verlassenheit im eigenen Ich.

Der Tanz fordert
den befreiten, den schwingenden
Menschen
im Gleichgewicht aller Kräfte
Ich lobe den Tanz
O Mensch lerne tanzen,
sonst wissen die Engel
im Himmel mit dir
nichts anzufangen!

Augustinus (354 – 430)

SEGELSCHIFFE

Sie haben das mächtige Meer unterm Bauch
Und über sich Wolken und Sterne.
Sie lassen sich fahren vom himmlischen Hauch
mit Herrenblick in die Ferne.
Sie schaukeln kokett in des Schicksals Hand
Wie trunkene Schmetterlinge.
Aber sie tragen von Land zu Land
Fürsorglich wertvolle Dinge.
Wie das im Wind liegt und sich wiegt,
Tauwebüberspannt durch die Wogen,
da ist eine Kunst, die friedlich siegt,
Und ihr Fleiß ist nicht verlogen.
Es rauscht wie Freiheit. Es riecht wie Welt. –
Natur gewordene Planken
Sind Segelschiffe. – Ihr Anblick erhellt
Und weitet unsre Gedanken.

Joachim Ringelnatz (1883 – 1934)

MONDNACHT

Es war, als hätt´ der Himmel
Die Erde still geküsst,
Dass sie im Blütenschimmer
Von ihm nun träumen müsst´.

Die Luft ging durch die Felder,
Die Ähren wogten sacht,
Es rauschten leis die Wälder,
So sternklar war die Nacht.

Und meine Seele spannte
Weit ihre Flügel aus.
Flog durch die stillen Lande,
Als flöge sie nach Haus.

Joseph Freiherr von Eichendorff (1788 – 1857)

DAS INSELMÄRCHEN UND SEINE GESCHICHTE

Im Jahr 1981 hatte ich in den Sommerferien einen Teil meiner freien Zeit von allen familiären und sonstigen Pflichten befreit, nämlich jeden Vormittag bis 12 Uhr, um Zeit zum Schreiben zu haben. Geniale Lösung.

Es entstand das „Inselmärchen", das nach drei Wochen druckreif war. Jedenfalls befanden das meine Freundinnen, die mir zuredeten, es zu veröffentlichen. Kein Verlag wollte es haben, so ließ ich es mit einfachen Zeichnungen illustrieren und gab es im Selbstverlag heraus. Ich empfand es zwar als schön und rund, aber viel zu klein, um damit in den Handel zu gehen. Aber es war die Zeit der Frauenbewegung, man vermittelte mir Kontakt zum Frauenbuchvertrieb in Berlin. Ich empfahl, das Büchlein für fünf DM neben die Kassen der Frauenbuchhandlungen zu legen.

Heutzutage gibt es kleine Büchlein zu Hauf, aber damals war das ein Verkaufsknüller. Es war genau der richtige Tipp, nach weniger als einem Jahr hatte ich fast 6.000 Exemplare verkauft und wurde überschwemmt mit Dankesbriefen. Leider ging der Buchvertrieb ein und ich hatte nicht die Zeit und den Mut, einen weiteren Anlauf zu nehmen.

Und worum ging es? In Märchenform hatte ich umgewandelt, wie auf einer Insel ein Völkchen in einem Idealzustand lebt, aber auch dieser Zustand nicht verhindern konnte, dass die Bewohner sich verhedderten, verstrickten, der eine, Torgir, im Hochmut, symbolisiert durch einen Turm, die andere, Aya, wie zusammengeschnürt unter Wasser in tiefer Depression. Ermutigt durch eine alte weise Frau, befreien sie sich singend aus ihren Zwangslagen. Torgir springt singend vom Turm, ohne unten zerschmettert zu werden, denn das Singen verleiht ihm Flügel der Leichtigkeit. Und Aya sprengt durch das Singen den Ring, der ihren Leib in der Mitte zusammengepresst hatte und taucht aus dem Wasser auf.

164

Gewidmet hatte ich das Buch meiner ehemaligen Gesangslehrerin Anna Langenbeck, durch deren Methode ich ein ähnliches Befreiungserlebnis erlebt hatte, was ich bis heute gerne weitergebe.

Die Leserreaktionen zeigten mir, dass zwar alle den Hochmutsturm des Torgir verstanden hatten, aber die wenigsten die depressive Aya im zweiten Teil. Und so schrieb ich nachträglich – falls jemand jemals dieses Inselmärchen noch einmal verlegen will –, einen dreiteiligen Text mit dem Titel „Ayas Lied – Ayas Leid – Ayas Lied! Hier ist er:

AYAS LIED

Ich grüße dich, Sonne,
ich grüße dich, Licht,
komm zu mir, Wärme;
seht, mein Gesicht
taucht aus dem Wasser,
taucht aus der Flut
des Vergessens empor!

Sonnenstrahl, wecke
Die Augen mir auf,
male der Farben strahlendes Licht
auf Himmel und Erde.
Leuchte durch alle Farben hindurch
Bis in die tiefste Schwärze
der Nacht.

Tropfen des Regens
leuchten wie Edelstein,
Wellen des Sees spiegeln
den Himmel
des ewigen Seins.

Komm, du Regenbogen
der tausendfältigen Farben,
erfreue meine Seele
mit der schwingenden Macht
meines Brückenschlages.
Bist Freude,
Verlockung des Auges,
sichtbare Schwingung des Lichts, du!

Lass mich auftauchen, Sonne,
aus Schemen bildenden Fluten,
wecke meinen Leib
zu neuem Leben.
Zeige mir der Erde Blütenkleid,
sprenge die Hüllen
meiner blinden Seele.
Gib mir Licht in der Farbe,
Farbe im Licht deiner Strahlen.
Male des Himmels
fernstes Blau sehnsuchtsvoll
in meine Augen.
Gib mir die trunkene Freude
der roten Blüten.
Schenke alle Farben der Welt mir,
meinen Leib zu schmücken.

Gib mir, Sonne, das Blau und Rot,
das Grün und Gelb
als Speis und Trank.

Fülle mich
mit allem Glanz
und aller Pracht
deiner Strahlen,
kleide mich mit aller Zartheit
deines bebenden Lichtes.
Singe durch mich
dein Lied, Sonne!

AYAS LEID

Ich war unter Wasser,
war in den schützenden Fluten,
war geschützt vor Angst,
war sicher vor bebender Erde
unter meinen Füßen.
Das tiefe Erschrecken
vor bebender Erde
hat alles in mir verwirrt,
hat alles in mir
verknotet.
Die engen Schnüre um meinen Leib
ließen mich vergessen.
Nur tief in meinen Eingeweiden
wühlten Erinnerungen.

Aber ich wollte vergessen,
wollte die Erde nicht mehr sehen, hören, fühlen,
die mich so tief erschreckt hatte.
Tief in mir bohrten Schmerz
und Verlassenheit.
Ich tötete den Schmerz,
machte ihn kalt,
machte mich kalt.

Ich wusste nicht mehr, dass der See
nicht zur Wohnung
des Menschen werden durfte.
Ich war zu klein
zur Zeit des Erschreckens,
ich tötete die Erinnerung.

Wärme wärmt mich,
löst meine Glieder.
Wärme begrüßt mich
Im leisen Morgenwind.
Wärme im klopfenden Herzen,
Wärme unter der Haut.
Wärme im Baum,
den ich umarme,
Wärme im Fell einer Katze,
Wärme im Ton einer Stimme,
Wärme im Blick eines Menschen.
Wärme in meinem Blut,
Wärme dehnt mich aus,
dehnt sich über mich hinaus.
Meine Wärme wärmt.

Ich war unter Wasser,
ich wollte vergessen
das Grollen der Erde.
Wohl konnte ich hören,
dass gesprochen wurde.

Aber die Schwingung der Stimme
drang nicht durch das Wasser.
Wohl konnte ich hören,
dass gesungen wurde,
aber die Seele des Sängers
drang nicht durch das Wasser.
Wohl konnte ich sprechen,
aber das Wasser
trug der Stimme Klang nicht weiter.

Wohl wollte ich singen,
aber der See verschlang mein Lied.
Der See deckte mein Leid.
Auch meine Tränen
waren im See nicht zu sehen.
Da trocknete ich meine Tränen,
da machte ich mich trocken
inmitten des Sees.

AYAS LIED

Wärme –
Lass mich aufsteigen, um
zu empfangen –
ewiges Licht –
ewiges Leuchten –
ewigen Klang.
Die Arme ausbreiten,
die Hände öffnen –
Den Geist empfangen,
der aus der Höhe des Himmels,
aus den Tiefen des Universums
spricht.
Ich öffne mich der geistigen Welt.
Ich öffne mich dem Licht,
dem Gesang,
der Erkenntnis.
Ich richte mich auf, um zu
empfangen.

VERGESST DIE KINDER NICHT

Vergesst die Kinder nicht, möchte ich manches Mal sagen, wenn ich besonders kluge Bücher lese und an die Zeiten meiner Kindheit denke und der Jugendzeit, in der die Suche nach den eigenen Antworten beginnt.

Wer das Glück hatte, dass die eigene Wahrnehmung nicht gestört wurde oder die Erkenntnisfähigkeit nicht intellektuell überfrachtet wurde, der wird zwar vielleicht noch verführbar sein, aber das innere Regulativ nicht wirklich verlieren.

Anders erging es dem kleinen Jakob in der Geschichte von der Schwester Innerlich, das 1979 entstand. Dieses kleine Märchen erschien am 23. Dezember 1979 im Berliner „Tagesspiegel" und wird bis heute von manchen Therapeuten oder Ärzten genutzt, wie sie mir erzählt haben, um ihre Patienten auf dem Weg nach innen zu begleiten.

SCHWESTER INNERLICH - EIN MÄRCHEN

Es war einmal ein armes Waisenkind, das niemand haben wollte. Es war nicht besonders schön, aber auch nicht besonders hässlich; aber weil schon so viele Leute es gleichgültig von sich geschoben hatten, fing es an zu glauben, dass es niemals einen Menschen auf der Welt finden würde, dem es vertrauen könnte. Zu oft schon war es verlassen worden, es wollte nun gar keinen Versuch mehr machen, einen anderen Menschen zu lieben.

Es kroch in sich zusammen, ließ seine Haare ganz lang wachsen, sodass niemand mehr sein Gesicht sehen konnte und wurde immer stiller. Nicht einmal mehr weinen konnte es, denn es hatte gar keine Hoffnung mehr.

Eines Tages lag der kleine Jakob – denn so hieß das Waisenkind – in seinem Bett und dehnte und reckte sich. Sein ganzer kleiner Körper streckte sich krachend. Jakob fühlte sich unbeobachtet und rückte seinen verkrümmten Rücken zurecht. Er atmete tief ein und seufzte dann laut, denn sein Leben war eine schwere Last für ihn. Plötzlich hörte er auch in seinem Bauch ein leises Seufzen.

Erschrocken suchte er mit der Hand nach der seufzenden Stelle. Da hörte er wieder ein schwaches Ächzen. „Wer ist da?" fragte Jakob erwartungsvoll. „Ich bin deine Schwester Innerlich", antwortete eine zarte Stimme. Jakob konnte es nicht glauben. Er wollte ja ohnehin niemandem mehr etwas glauben. Dennoch war er neugierig. „Wo bist du?" fragte er.

„Ich sitze mitten in dir drin, aber du darfst mich nicht mehr so einzwängen. Wenn du dich noch länger zusammenziehst, dann ersticke ich."

„Schwester Innerlich", sagte Jakob, „ich habe dich nicht gebeten, in meinen Bauch zu kriechen. Aber wenn du schon darinnen sitzt, dann weißt du auch, dass ich vor lauter Kummer so zusammengezogen bin. Ich kann dir nicht helfen, denn mir hilft auch niemand." So viele Worte hintereinander hatte Jakob schon lange nicht mehr gesprochen, und er hielt damit die Sache für erledigt. Da hörte er ein kummervolles Weinen in sich, und es wurde ihm so weh ums Herz, dass auch ihm die Tränen aus den Augen liefen und sein größtes Taschentuch nicht ausreichte und er noch sein Handtuch nassweinte. Schließlich schnäuzte er sich energisch die Nase und fühlte sich so erleichtert wie schon lange nicht mehr.

„Schwester Innerlich", sagte er, „du hast mich zwar schrecklich zum Weinen gebracht, aber ich fühle mich viel wohler und vielleicht, ja vielleicht", er wurde hörbar verlegen, denn er hatte sich schon lange nicht um andere gekümmert, „also vielleicht", sagte er entschlossen, „kann ich dir auch helfen." Ein kleiner Juchzer hüpfte in seinem Bauch und die zarte Stimme sagte: „Jakob, es ist, als wäre Weihnachten und Geburtstag und Ostern zusammen. Wenn du mich leben lässt, kann ich auch dir in deinem Leben helfen."

Jakob staunte. „Ach nein", sagte er schließlich, „mir hat schon keiner von den Erwachsenen helfen können, das geht sicher nicht. Du bist ja noch kleiner und schwächer als ich, und du bist in mir eingesperrt. Aber du brauchst dich nicht mehr zu fürchten, dass ich dich einzwänge. Ich weiß, wie schrecklich es ist, von Größeren und Stärkeren eingezwängt zu werden. Das will ich Dir nicht antun. Sage mir nur, was du zum Leben brauchst, und ich werde für dich tun, was in meinen Kräften steht."

„Lieber Jakob, du hast ein gutes Herz", sagte da die Schwester Innerlich, und beinahe hätte sie damit den kleinen Jakob wieder zu Tränen gerührt. „Mein erster Wunsch ist, dass du dich jeden Morgen dehnst und streckst und ein paar tiefe Atemzüge machst. Denn dein Körper ist meine Wohnung, und es würde mir das Leben so viel leichter machen, wenn du jeden Morgen ordentlich lüftest. Ich will nicht unbescheiden sein, aber wenn du dich noch weniger zusammenziehen würdest, könnte ich den ganzen Tag freier atmen.

Das wäre schon sehr viel, denn ich weiß, was für ein armseliges Leben du hast und wie wenig andere für dich getan haben, als du dir noch nicht selbst helfen konntest. Und nun wollen wir schlafen, denn wir sind beide müde. Und vergiss nicht, dass ich immer bei dir bin, auch wenn ich nicht zu hören und zu sehen bin. Ich spreche nur mit dir, wenn ich es für richtig halte. Du kannst mich alles fragen, ich höre alles, aber ich spreche nur zu dir, wenn es an der Zeit ist. Als Dank für deine Hilfe werde ich dir auch helfen, aber du wirst nicht immer wissen wie es geschieht."

Jakob hätte noch viele Fragen gehabt, aber er musste auch über die geheimnisvollen letzten Worte nachdenken. Seine Schwester Innerlich hatte plötzlich eine ganz sichere Stimme. Er horchte noch lange in sich hinein. Nichts war zu hören außer seinen tiefen Atemzügen. Er legte die Hände auf seine Brust und seinen Bauch. Nun hatte er jemanden, der ihn nicht verlassen konnte. Er wollte gut für seine Schwester Innerlich sorgen, gleich morgen wollte er damit beginnen. Und zum ersten Mal seit langer, langer Zeit schlief der kleine Jakob mit einem frohen Herzen ein.

EINE FREUNDSCHAFT

„Das Schicksal klopft immer an die Hintertür", dieser banale Satz meiner Gesangslehrerin bestätigte sich bei meiner ersten Begegnung mit Rena von W., denn sie reagierte auf den Klang meiner Stimme bei „Butter Lindner" in Schlachtensee, als ich den noch banaleren Satz sagte: „Ich hätte gern 100 Gramm Pfeffersalami."

„Haben sie aber eine schöne Stimme", hörte ich es von ihr aus der anderen Ecke des Ladens … Das war der Beginn einer langen Freundschaft, sie währte 18 Jahre. Sie war damals 80 Jahre alt und ich 50 Jahre.

Als wir uns kennenlernten, lebten unsere Männer noch, aber die Fröhlichkeit zu viert währte nicht mehr lange, unsere Männer starben, aber wir blieben beisammen.

Was Rena mir schenkte in dieser Freundschaft, war ihre Leichtigkeit und Unbekümmertheit und ihre unbedingte Liebe zur Schönheit und zum Leben. Ihre selbstverständliche Art, auf meine Freunde, Familie und Schüler zuzugehen und mich gleichzeitig in ihren Kreis aufzunehmen, bezauberte mich.

Und so verschieden wir auch waren, so respektvoll und loyal waren wir miteinander, nicht wissend oder ahnend, wohin die Reise gehen würde.

Nichts war schöner, als wenn sie in Gesellschaft von ihrem wahrhaft abwechslungsreichen Leben erzählen konnte. Angstfreiheit und Lebenslust waren ihre Wesensmerkmale. Dabei hätte dieses nicht sehr willkommene vierte Mädchen in der Familie auch einen ganz anderen depressiven Weg einschlagen können. Aber die Neugier auf das Leben und eine tatkräftige Veranlagung bahnten ihr einen besseren Weg.

Ich will davon hier nicht sprechen, sondern nur von der letzten Zeit, in der wir ganz eng beieinander waren. Denn diese Zeit gehört nun auch so sehr zu ihr, dass ich davon berichten möchte, dankbar, dass alles so gut ausgegangen ist. Wenn man denn ein ruhiges Sterben als einen guten Ausgang bezeichnen darf. Ich denke, man darf.

Wir sahen uns in den letzten Monaten ihres Lebens manches Mal an und schüttelten den Kopf, dass nun die eine von uns so hilfsbedürftig war und die andere, die 30 Jahre jünger war, sehen musste, wie sie das Leben hinbekam neben beruflichen und anderen Verpflichtungen. Wir waren beide nicht wirklich mit Geduld begabt, da gab es viel zu lernen und Krankheit und Tod waren nicht unsere Lieblingsthemen.

Aber wir haben uns nach einigen Anfangsschwierigkeiten dann doch darauf geeinigt, die Sache als Team anzugehen. Nicht auf der einen Seite das maulende Kind und auf der anderen Seite die strenge Mutter, sondern zwei Erwachsene, die einen Weg suchten im Dschungel der Medizin und der guten Ratschläge, in manchen Stunden der Verzagtheit und der Erschöpfung.

Nicht so leicht, denn es ging ihr im letzten Lebensjahr ziemlich schlecht, das Herz wurde schwächer und die Lunge füllte sich immer wieder mit Wasser. Ja, Besucher, Anrufer, selbst die Ärzte, bekamen eher eine heitere und kampfesmutige Rena zu sehen, aber ich erlebte manches Mal die Kehrseite, das Jammertal. Sie lebte die letzten fünf Jahr ihres Lebens in meinem Haus.

Noch zur Weihnachtszeit war sie verzweifelt bemüht, schnell zu sterben, aber wie sie feststellte: „Es klappt nicht." Familie und Freunde wollten sie besuchen, das war ihr damals eher lästig. „Lasst mich doch einfach, müssen mir noch alle beim Sterben zuschauen", so beklagte sie sich und rabiat verweigerte sie weitere Besuche: „Ich habe 97 Jahre gelebt, da konnte mich jeder sehen, wann er wollte, jetzt will ich nicht mehr." Ach, meine Rena!

Den hilflosen Chefarzt im Krankenhaus kanzelte sie ab: „Ich bin auch ohne ihre Pillen 97 geworden, wollen Sie mich vergiften, wer nimmt denn fünf Pillen zum Frühstück?"

So holte ich sie lieber wieder nach Hause und fand liebevolle Unterstützung. Seit Anfang Mai 2010 half jedoch alles nichts mehr, wir konnten ihr nur noch die letzten Wochen erleichtern auf dem von ihr nun auch im Tiefsten ersehnten Weg in den Tod. Wobei sie noch in den letzten Tagen erklärte, dass sie das Leben sofort noch einmal beginnen würde, wenn sie einen jungen Körper hätte. Aber allmählich verstand sie, dass sie diesen Körper verlassen musste, um weiterzukommen.

Sie sah bis zum Schluss meist blühend aus, kicherte manchmal wie ein junges Mädchen mit einem runden strahlenden Gesicht und konnte noch manches genießen, besonders den aufkommenden Frühling, den Gesang der Vögel, die in diesem Jahr besonders laut zwitscherten. Sie lauschte und sie nahm Abschied.

Niemals werde ich den Abend zwei Wochen vor ihrem Tod vergessen, an dem sie mich bat, bei ihr zu bleiben. Ich hielt ihre Hand, wir schauten einander im Dämmerlicht an und sie sagte ganz klar: „Das ist nun der Abschied."

Mehr als drei Stunden verbrachten wir in einer geradezu luziden Klarheit, manches aus unserem Leben besprachen wir, manchmal weinten wir, oder dösten ein bisschen. Sie sagte, dass sie immer wieder in anderen Räumen wäre, und eigentlich ginge das ja nun nicht so weiter, „immer rein und raus – rein und raus" und lachte.

Sie sprach über Musik und erzählte mir, dass ich eine neue Orgel bekommen würde, in der die Töne nicht mehr so einzeln wären, sondern ganz in der Musik aufgehen würden. Ein Bild, das mir sehr gefiel – obwohl ich gar nicht Orgel spiele.

Zwischen uns war es wie ein breiter Strom ohne Wellenschlag, eine Stille und gleichzeitig eine Lebendigkeit, die größer war als wir, die durch uns hindurchging und uns trug. Schließlich gegen Mitternacht entschlossen wir uns zu schlafen. Sie in ihrem Bett und ich, wie immer in den letzten Wochen, auf einer Matratze vor ihrem Bett.

Die Besucher, die kamen, - waren es Freunde oder die Familie und auch die vielen liebevollen Helferinnen und Helfer, die wir hatten, - waren nun gern gesehen, auch wenn sie alle lernen mussten, behutsamer als früher mit ihr umzugehen. Am vorletzten Tag sagte sie dazu, „dass Sterben so schön sein kann, hätte ich nicht gedacht, ihr seid ja alle so lieb zu mir."

Sie konnte endlich von uns allen nehmen, was sie als Kind nie bekommen hatte: Wärme, Zärtlichkeit und Liebe.

Am Nachmittag, bevor der Arzt kam, lag sie in leichtem Schlummer in ihrem Bett und ich setzte mich in einen Sessel zu ihr und las in einem besonderen Buch namens „Zhuan Falun". Schon seit zwölf Jahren war es das Werk, das mir Klarheit in meinen Gedanken und Kraft für mein Leben gab. Es ist das grundlegende Werk der chinesischen Kultivierungsschule Falun Gong, einer religiöse Gruppierung, der damals in den neunziger Jahren etwa 100 Millionen Chinesen folgten.

Auch durch einen der berühmten Zufälle, die in meinem Leben eine Rolle spielten, war ich in Berlin einigen Chinesen begegnet, die nach dieser Lehre lebten und mich mit den sanften Körperübungen und den Inhalten dieser Lehre vertraut machten. Die Lehre von Falun Gong, oder auch Falun Dafa genannt, vermittelt durch den chinesischen Meister Li Hongzhi, beschreibt die Gesetzmäßigkeiten des Kosmos, also das Prinzip von Ursache und Wirkung, außerdem werden die höchsten Eigenschaften des Kosmos beschrieben mit den Worten Wahrhaftigkeit, Barmherzigkeit und Nachsicht.

Wie man an meinen Gedichten erkennen kann, von denen viele mehr als zehn Jahre vor der Begegnung mit Falun Gong entstanden sind, war ich schon lange auf der Suche nach dem Sinn des Lebens. Und durch meine therapeutische Arbeit angeregt, waren mir auch unsere inneren Mechanismen vertraut, mit denen wir uns immer wieder in Kummer, Konflikte und Endlosschleifen von Ärger manövrieren, während andere wie Phönix aus der Asche aufsteigen und ihr Leben in die Hand nehmen. Dazu kommen noch die Missverständnisse über innere und äußere Werte, politische Heilslehren und vieles mehr.

Bei mir standen also die Türen offen für noch tiefer gehende Erkenntnisse. Was ich nicht suchte, waren Gruppenzwänge und Geldabzocke oder Gesinnungsterror, und die gibt es da auch nicht. Tatsächlich kann man bei Falun Gong nicht eintreten oder austreten, es gibt nicht einmal Mitgliederlisten. Geld muss man auch nicht zahlen, die Übungen bringen die Übenden den Neulingen bei, und inzwischen gibt es auch alle Schriften von Meister Li Hongzhi im Internet frei zu lesen. Wer mag, kann in jeder Buchhandlung oder im Internet die grundlegenden Schriften auch als Buch kaufen. Das liest sich angenehmer.

Was hat das nun mit meiner Freundin Rena zu tun? Sie war anfangs irritiert und glaubte, mich an eine Sekte zu verlieren. Diese Sorge verlor sie jedoch schon bald, weil ich keinerlei Anzeichen davon zeigte. Aber sie wollte nicht allzu viel damit zu tun haben, war sie doch nach dem frühen Tod ihrer Eltern in einer evangelischen Pfarrersfamilie auf dem Dorf großgeworden, aber in der nächsten Kreisstadt in eine katholische Schule von französischen Nonnen gegangen. Ein intelligentes Kind wie sie konnte daraus nur den Schluss ziehen, dass in keiner der Konfessionen das Tor zur Weisheit offenstand, und so suchte sie sich allein ihren Weg, immun gegen alle Konfessionen.

Da man gegen die drei Prinzipien von Falun Dafa wirklich nichts einwenden kann, ließ sie mich gewähren und hielt auch immer loyal zu mir, eine ihrer großen Tugenden. Wie eine Löwenmutter hätte sie mich – ebenso wie ihre eigenen Kinder und Enkel – gegen jeden Angriff von außen verteidigt. Eine schöne Grundlage für eine Freundschaft.

Ich erzählte ihr, was ich erlebte und verstand von dieser fernöstlichen Lehre und sie ließ sich durchaus davon auch anregen. Was für sie allerdings nicht nachvollziehbar war, das war der Gedanke an ein Leben, das größer ist und länger währt als unser Gastspiel in unserem fleischlichen Körper auf dieser Erde. Für mich war das jedoch schon lange Bestandteil meines Welt- und Menschenbildes.

Am Tag bevor sie starb, saßen wir noch beim schönsten Amselgesang Ende Mai auf meiner Terrasse, als sie sagte: „Ich würde so gerne noch einmal von vorne beginnen, das Leben ist so schön!" Ich antwortete ihr, dass leider dieser Körper das nicht mehr mitmachen könnte und sie ihn verlassen müsste, früher oder später, und sich danach entscheiden könnte, ob sie noch einmal wiederkommen wollte. Lange dachte sie nach, lauschte der Amsel und wollte dann wieder in ihr Bett.

Ich muss dazu sagen, dass sie bis zum Schluss kein schwerer Pflegefall war, nur das Herz wurde immer schwächer und das Wasser sammelte sich in der Lunge. Im Kopf blieb sie bis zuletzt immer klar und dem Leben zugewandt.

Am nächsten Tag schlief sie viel und am Nachmittag setzte ich mich zu ihr in ihr Zimmer. Ich las in meinem „Zhuan Falun", denn so leicht waren diese Tage für mich nicht, da brauchte ich auch ein ruhiges Herz, um ihr wirklich beizustehen. Ich fing mit dem Vorwort an und entschloss mich spontan laut zu lesen.

Diese Worte sind für jeden so voller Klarheit und Kraft, dass sie auch ihr nur gut tun konnten. Nach dem dritten Absatz sagte sie plötzlich: „Kannst du den bitte noch einmal lesen, den habe ich nicht verstanden." Ich tat es. Am Ende des Vorworts sagte sie ganz klar: „Ja, das ist richtig, das ist wahr." Etwas Schöneres konnten wir einander zum Abschied nicht schenken.

Nun verstand ich, warum alles so kommen musste und dass wir dem Schicksal ruhig die Hintertür öffnen sollten und behutsam hineinhorchen in das, was an der Zeit ist. Dann ging sie zwar im tiefen Schlaf von uns, aber es war dennoch ein bewusstes Weitergehen.

Ihre letzten Worte zu ihrem Hausarzt waren: „Nicht wahr Doktor das Leben geht doch weiter!"

DIE ERWÜNSCHTE

Gehe ruhig und gelassen durch Lärm und Hast
und sei des Friedens eingedenk,
den die Stille bergen kann.
Stehe, soweit ohne Selbstaufgabe möglich,
in freundlicher Beziehung zu allen Menschen.
Äußere deine Wahrheit ruhig und klar und höre
anderen ruhig zu, auch den Geistlosen und Unwissenden;
auch sie haben ihre Geschichte.
Meide laute und aggressive Menschen,
sie sind eine Qual für den Geist.
Wenn du dich mit anderen vergleichst,
könntest du bitter werden und dir nichtig vorkommen;
denn immer wird es jemanden geben,
größer oder geringer als du.

Freue dich deiner eigenen Leistungen
wie auch deiner Pläne.
Bleibe weiter an deinem eigenen Weg interessiert,
wie bescheiden auch immer.
Er ist ein echter Besitz im wechselnden Glück der Zeiten.
In deinen geschäftlichen Angelegenheiten
lasse Vorsicht walten; denn die Welt ist voller Betrug.
Aber nichts soll dich blind machen gegen
gleichermaßen vorhandene Rechtschaffenheit.

Viele Menschen ringen um hohe Ideale;
und überall ist das Leben voll Heldentum.
Sei du selbst, vor allen Dingen heuchle keine Zuneigung,
noch sei zynisch was die Liebe betrifft;
denn auch im Augenblick aller Dürre und Enttäuschung
ist sie doch immerwährend wie Gras.
Ertrage freundlich gelassen den Ratschluss der Jahre,
gib die Dinge der Jugend mit Grazie auf.
Stärke die Kraft des Geistes, damit sie dich
in plötzlich hereinbrechendem Unglück schütze.
Aber erschöpfe dich nicht mit Phantasien.
Viele Ängste kommen aus Ermüdung
und Einsamkeit.

Neben einer heilsamen Selbstdisziplin
sei freundlich mit dir selbst.
Du bist ein Kind Gottes genauso wie
die Bäume und Sterne;
du hast ein Recht hier zu sein.
Und, ob es dir bewusst ist oder nicht,
es besteht kein Zweifel,
das Universum entfaltet sich
wie vorgesehen.

Darum lebe in Frieden mit Gott,
was für eine Vorstellung du
auch immer von ihm hast.
Was auch immer deine Arbeit
und dein Sehnen ist,
erhalte dir den Frieden mit deiner Seele
in der lärmenden Wirrnis des Lebens.
Mit all der Schande, der Plackerei
und den zerbrochenen
Träumen ist es dennoch
eine schöne Welt.
Strebe behutsam danach,
glücklich zu sein.

(Aus der alten St. Pauls-Kirche, Baltimore von 1692)

MEINE BERGE UND ICH

Ich bin so herrlich klein,
wenn ich durch die Berge laufe,
dort kann ich einfach sein
und brauch mir nichts zu kaufen.

Ich bin so wunderbar klein,
wenn ich in den Bergen
nachts die Sterne sehe.
Sie sprechen dann zu mir,
ich fühle ihre Nähe.

Sie sagen mir,
so ist es gut,
sei einfach da,
wie wir.
Das Leben
ist ein ewig Gut,
einst öffnet sich die Tür
und deine Strahlen
werden leicht
durch alle Welten ziehn.

Ich danke meinen Sternen,
das Herz wird weit
und auch mein Sinn.
Ich danke Gott,
dass ich auf dieser Erde bin.

Ich laufe durch die Berge
Und fühle mich
so klein –
und doch strömt
aus der Erde
die größte Kraft
in mich hinein.

DER SCHLAF

Wenn die Wünsche schweigen,
deckt zu guter Ruh
eine sanfte Hand
meine Seele zu.

Lässt mich ruhig schlafen,
bis voll neuer Kraft
an dem andern Morgen
lächelnd ich erwacht.

Was mit Müh und Sorgen
qualvoll ich erdacht,
ist am neuen Morgen
anders mir erwacht.

Mit den lauten Wünschen
deckte ich nur zu,
was in mir verborgen
schlief in tiefster Ruh.

AMANDA SPRICHT

Wir wollen nicht ohne ein Lächeln voneinander gehen nach dieser Reise durch die verdichteten Erkenntnisse meines Lebens.

Bei Lesungen trage ich die Gedichte zweimal hintereinander vor, das hat sich bewährt, und das tut es auch, wenn man sie für sich allein liest. Sie fangen beim zweiten Mal wie von selbst an zu sprechen, von Herz zu Herzen. Und dann sind sie von mir zu Dir gegangen, manche leicht, manche noch auf Warteposten, oder besser gesagt Horchposten, denn sie wollen nicht unerwünscht eindringen.

Wenn sie Dich ein wenig freier gemacht haben, ein paar Barrieren abgeräumt und Dein Strahlen geöffnet haben, dann wird das bis zu mir leuchten. Dafür bedanke ich mich schon jetzt und es wird uns einander näher bringen auch aus der Ferne. Behutsam und voll innerer Kraft.

Ich nannte mich früher einmal mit Künstlernamen Amanda Muthmacher. Und so möchte ich mich jetzt auch verabschieden mit Dank für diese Begegnung – Deine Amanda Muthmacher

Weitere Bücher und Sonderangebote aus unserem Verlag

Im Zeichen der Wahrheit

Vier Jahre nach dem Kultbuch „Die Jahrhundertlüge, die nur Insider kennen" erscheint endlich Heiko Schrangs lang ersehntes Werk „Im Zeichen der Wahrheit".

Dieses Buch ist ein Lichtblick in einer Welt, die viele als immer dunkler empfinden. Es beleuchtet zum ersten Mal geheimes Wissen, das jahrhundertelang unter Verschluss gehalten wurde.

„Im Zeichen der Wahrheit" deckt nicht nur die geheimen Aktivitäten der „Mächtigen" auf, sondern ist der bewusstseins- öffnende Schlüssel zu den essenziellen Fragen des Lebens.

Hardcover   **24,90 €**
ISBN: 978-3-945780-41-1

Ebook   **19,99 €**
epub ISBN: 978-3-945780-39-8
PDF ISBN: 978-3-945780-40-4

Hörbuch (6-CD-Set)   **24,90€**
ISBN: 978-3-95471-622-7

versandkostenfrei in unserem Shop
www.shop.macht-steuert-wissen.de

Deutschland außer Rand und Band

Dieses Buch schaffte es vierzehn Tage nach Erscheinen in die Spiegel Best-
sellerliste. Über eine Million Menschen sahen ihre Botschaft auf YouTube.
Spätestens seit Petra Paulsens Teilnahme an der ZDF Sendung "Wie geht's,
Deutschland?" wurde sie einem breiten Publikum bekannt.

Hardcover	**22,90 €**
ISBN: 978-3-945780-32-9	
Ebook	**16,99 €**
epub ISBN: 978-3-945780-35-0	
PDF ISBN: 978-3-945780-33-6	
Hörbuch	
6-CD-Set	**22,95 €**
ISBN: 978-3-954716-21-0	
MP3 Download	**20,95 €**

versandkostenfrei in unserem Shop
www.shop.macht-steuert-wissen.de

#wir sind noch mehr

Ein Aufruf zur Verteidigung der Demokratie und Meinungsfreiheit!

Die bekanntesten Autoren der freien Medien, unter ihnen: Vera Lengsfeld, Petra Paulsen, Heiko Schrang, Hanno Vollenweider u.v.m, bilden mit diesem Buch zum ersten Mal ein gemeinsames Bündnis für eine unabhängige und freie Meinungsbildung fernab von journalistischem Einheitsbrei, staatlicher Deutungshoheit, Zensur oder erzwungener Political Correctness. Unsere Autoren, Blogger und Aktivisten liefern Ihnen stichhaltige und knallharte Fakten zu aktuellen Themen, durch die Sie sich nun endlich frei und unabhängig eine eigene Meinung bilden können.

Hardcover   24,90 €

ISBN: 978-3-945780-42-8

DIE GEZ-LÜGE

*Stellt euch vor, es gibt einen Rundfunkbeitrag
und keiner zahlt ihn.*

Dem Erfolgsautor Heiko Schrang wurde mit Gefängnis gedroht, da er sich aus Gewissensgründen weigerte, den Rundfunkbeitrag zu entrichten. Die Geschichte sorgte für große mediale Aufmerksamkeit. Dieses Buch ist ein Befreiungsschlag aus Gewissensgründen, die uns auferlegten Ketten aus Lügen, Manipulation und Kriegshetze abzureißen.

Hardcover (176 Seiten)   **12,90 €**
ISBN: 978-3-945780-84-8

Diese DVD kann deine Weltsicht verändern – Das GEZ-Skandalbuch jetzt als DVD!

DVD (170 Min.)   **18,90 €**
EAN: 4280000242648

Die Jahrhundertlüge, die nur Insider kennen

Der Bestseller, der mittlerweile zum Kultbuch einer neuen Generation wurde, ist aktueller denn je.

Hardcover	**24,90 €**
ISBN: 978-3-9815839-0-8	
Ebook	**18,99 €**
epub ISBN: 978-3-9815839-1-5	
PDF ISBN: 978-3-9815839-7-7	

Das Hörbuch

Gesprochen vom bekannten deutschen Schauspieler Horst Janson. Er gibt dem Hörbuch mit seiner markanten Stimme eine besondere Tiefe.

6-CD-Set	**24,90 €**
ISBN: 978-3-9815839-6-0	
MP3 Download	**19,99 €**
ISBN: 978-3-9815839-5-3	

Die Jahrhundertlüge, die nur Insider kennen – 2

Nach dem Erfolg des ersten Buches „Die Jahrhundertlüge, die nur Insider kennen" setzt dieses Buch ganz neue Akzente. Wie bereits beim ersten Buch verbindet der Autor auch wieder gekonnt komplexe politische mit spirituellen Themen und bietet praktische Tipps und Lösungen an, die Ihr Leben verändern können.

Hardcover   **24,90 €**
ISBN: 978-3-9815839-9-1

Ebook   **12,99 €**
epub ISBN: 978-3-945780-03-9
PDF ISBN: 978-3-945780-04-6

Das Hörbuch
Gesprochen vom Schauspieler Reiner Schöne. Er gilt als einer der bekanntesten Synchronsprecher Deutschlands.

6-CD-Set   **24,90 €**
ISBN: 978-3-945780-90-9

MP3 Download   **19,99 €**
ISBN: 978-3-945780-06-0

versandkostenfrei in unserem Shop
www.shop.macht-steuert-wissen.de

Die Souveränitätslüge

Dieses Buch ist in seiner Brisanz kaum zu überbieten:
- Existiert ein geheimer Staatsvertrag – Kanzlerakte?
- Ist Deutschland eine Firma?
- Ist Deutschland überhaupt souverän? u.v.m.

Broschüre (64 Seiten)   **7,99 €**
ISBN: 978-3-9815839-8-4

Auch als Hörbuch erhältlich mit dem bekannten Schauspieler Reiner Schöne als
Sprecher.

Hörbuch – 1CD   **9,99 €**
ISBN: 978-3-945780-91-6

MP3 Download   **6,99 €**
ISBN: 978-3-945780-07-7